디지털인문학연구총서

3

소극장 연극 시맨틱 아카이브 구축에 관한 연구

1975년 에저또창고극장, 1976-1979년 삼일로창고극장을 중심으로

정주영 지음

보고사
BOGOSA

　　본 연구는 1970년대 소극장 자료에 대한 시맨틱 아카이브를 구현하여 연극 디지털 아카이브의 새로운 모델을 제시하고자 하는 목적으로 수행되었다. 연구의 대상은 1975년 에저또창고극장과 1976년에서 1979년까지의 삼일로창고극장 및 해당 시기 소극장 연극에 영향을 미친 공연법과 그 절차이다. 1970년대 소극장 시맨틱 아카이브는 연구 대상에서 정리된 데이터를 근거로 하여 설계되었고, 설계에 따라 데이터를 생성·적재하여 완성되었다. 연구 진행은 다음과 같다.

　　2장에서는 새로운 연극 디지털 아카이브 모델의 필요성과 개선 방향을 확인하기 위해 국내 연극 디지털 아카이브의 현황과 문제점을 검토하였다. 국내 연극 디지털 아카이브는 각각의 기관에서 소장 중인 실물 자료의 디지털 이미지와 해당 자료에 관한 간략한 정보를 제공하고 있었다. 하지만 자료와 자료 사이의 관계를 파악하기 어렵고, 자료에서 파악되는 인물 및 작품 등에 대한 추가적인 정보를 제공하지 않았다. 그렇기 때문에 이용자들이 우리나라 연극계에 대한 이해를 얻는 데에는 많은 어려움이 있었다. 또한 기관마다 소장 자료 정보를 공유하고 있지 않기 때문에, 이용자 스스로 모든 디지털 아카이브를 개별적으로 방문하여 검색하기 전까지는 하나의 사실과 관련 있는 자료가 어느 아카이브에 있는지 알 수 없는 상황이었다. 그러므로 새롭게 설계될 디지털 아카이브는 자료 하나 하나를 독립적인 개체로 다룰 뿐 아니라, 그 개체들 사이의 맥락을 보여 줄 수 있어야 한다. 이러한 검토에 기초하여 '자료'를 '관계'로 엮어서 사실의 맥락을 찾을 수 있게 하는 시맨틱 아카이브를 새로운 연극 디지털 아카이브의 모델로 상정하였다.

시맨틱 아카이브는 자료 사이의 문맥을 전달하고자 한다. 이점에서 시맨틱 아카이브는 기록물 수장고이자 기록물의 이야기를 전달하는 '전시 기획(큐레이션)' 기능을 포함한다고 할 수 있다. 그러므로 시맨틱 아카이브에서 1970년대 한국 연극과 소극장의 관계에 대한 큐레이션이 이루어질 수 있도록, 아카이빙 자료의 배경 연구를 수행하였다. 3장은 1975년 에저또창고극장 및 1976년-1979년 삼일로창고극장의 연극사적 의의를 조사하고 정리한 내용을 담고 있다. 이것은 1970년대 소극장 시맨틱 아카이브가 연극 자료만을 저장하는 것이 아니라, 연극사적 맥락을 전달하는 의미의 아카이브로 기능하기 위한 큐레이션 연구이다.

4장에는 1970년대 에저또/삼일로창고극장의 공연과 관련된 자료와 정보를 수집하고 정리한 내용을 담았다. 자료 수집은 서울시가 2015년에 미래유산 사업으로 지원한 '삼일로창고극장 공연기록 디지털 아카이빙' 프로젝트의 연장선상에서 수행되었다. 이 프로젝트에서 본 연구자가 1차로 수집·정리했던 디지털 데이터를 '공연', '작품', '개념/용어/사건' 등의 범주로 구분하여 재정리하였다. 공연은 실제 공연 활동에 관한 데이터이며, 작품은 공연에 포함된 희곡, 디자인, 음악 등 공연과 상관없이 완성된 작품 자체를 말한다. 개념/용어/사건은 연극사의 사건과 설명이 필요한 특정 개념 및 용어를 포함한다.

5장은 1970년대 공연법 시행과 관련한 자료를 조사하고 분석한 내용을 담고 있다. 4장에 기술한 1970년대 소극장 연극 기록물은 그 시대의 공연 활동을 중심으로 한 것이다. 그런데 그 모든 공연 활동은 자유로운 예술적 행위로서만 수행된 것이 아니고, 당시 사회의 여러 가지 여건과 제약 속에서 이루어진 것이다. 따라서 연극 창작의 '사회적 맥락'을 파악하기 위해서는 무엇보다 당시 공연 예술을 규제하던 공연법의 내용과 구체적인 시행 흔적을 들여다 볼 필요가 있었다. 그리하여 공연법과 하위 규정의 제정·개정에 관한 사항 및 1970년대 소극장 연극 활동에 적용된 공연법과 구체적인 시행 사례를 보이는 기록물을 조사하고 해당 자료를 분석 하였다.

6장에서는 4장과 5장의 조사 연구를 통해 수집·정리·분석한 데이터를 시맨틱 아카이브로 구현하기 위한 온톨로지 설계를 제시하였다. 대상 데이터는 공연, 작품, 공연기록물, 공연법, 개념/용어, 인물, 단체, 등장인물, 사건, 문헌연구 등 10개 클래스로 범주화 하였다. 그리고 클래스와 클래스 사이의 관계성은 공연 정의 모델, 행위 모델과 심사(사건) 모델, 기록물 모델로 설계하였다. 공연 정의 모델은 공연, 작품, 인물, 단체, 등장인물 클래스의 관계를 서술하는 링크 데이터를 바탕으로 개념화한 것으로, '공연'에 대한 이해를 돕는 데이터의 관계성 정보이다. 행위 모델은 인물, 단체 클래스와 공연, 작품, 개념/용어 클래스의 관계를 서술하는 링크 데이터를 바탕으로 한다. 연극 공연 및 유관 활동을 행위의 주체를 중심으로 살피는 데 필요한 관계성 정보이다. 심사(사건) 모델은 공연법 절차 및 사건에 관한 사항을 인물, 단체, 공연기록물, 공연법, 공연/개념 클래스의 관계를 링크 데이터를 통해 개념화한 것이다. 공연법의 적용 절차와 그것이 연극 공연에 미친 영향 관계를 살필 수 있는 관계성 정보를 포함한다. 기록물 모델은 전체 클래스에 적용된다. 어떠한 사건, 작품, 인물, 개념이 어느 기록물에 흔적을 남겼는지를 알 수 있게 관계 정보이다. 클래스별로 개체의 관련 기록물 유무와 기록물의 유형 사이의 관계를 개념화하였다.

7장에서는 시맨틱 아카이브 상에서 데이터 사이의 문맥을 살필 수 있는 가능성을 몇 가지 예시를 통해 제시하였다. 첫 번째 예시는 공연된 연극과 그 공연에 참여한 창작자 사이의 네트워크이다. 그 관계성을 들여다봄으로써, 1970년대 PD 시스템이 연극 공연에 미친 영향과 당대의 연극 공연을 실제로 주도하였던 창작자들이 누구였는지를 들여다보았다. 두 번째 예시는 당시의 공연법에 따른 공연자 등록 제도가 실제 연극계에서는 어떻게 적용되고, 어떠한 우회 방법이 강구되었는지를 극단 대하의 공연자등록증 대여 사례를 토대로 살펴 본 것이다. 세 번째 예시에서는 당시의 연극 공연을 규제하였던 한국공연윤리위원회의 심의에 관계한 인물이 누구이며, 이들이 허가한 공연 작품이 무엇이었는지를 보고자 하였고, 네 번째 예시에서는 심의를 통과한 대본의 등장인물 유형을 통하여 당시 대본 심의와 연극적 상상력의 관계를 탐색하였다. 다섯 번째 예시에서는 공연 자료에서 파악할 수 있는 스폰서 데이터를 통하여 당시의 생활문화상을 엿볼 수 있는 가능성을 제시하였다.

차례

표목차

그림목차

제1장
서론

1. 연구목적

본 연구는 1970년대 국내 소극장 연극 활동과 공연법의 맥락을 전달하는 소극장 연극 시맨틱 아카이브[1] 구축 방법을 제시하고, 이 방법에 따라 구축된 아카이브 데이터를 활용해 1970년대 소극장 연극을 읽는 방법을 제시하려는 목적으로 수행된 것이다.

1970년대 한국 연극은 극단 전용 소극장과 함께 양적 질적 성장을 이룬 시기로 평가된다. 1960년대 말까지 국내 공연장은 국립극장과 드라마센터 두 곳에 불과했고, 국립극장과 드라마센터 전속 극단을 제외한 일반 극단들이 이 두 극장을 사용하는 것은 매우 어려운 일이었던 것으로 보인다. 비전속 극단이 감당해야 하는 대관료 문제도 있었지만, 비전속 극단에게 할당된 대관 일정 역시 충분치 못했다. 이러한 이유를 극단들은 자신들의 공연 활동을 위한 전용 소극장을 개관하기에 이른다. 1969년 극단 에저또가 전용 소극장을 개관하고, 같은 해

---

[1] 시맨틱 아카이브(Semantic Archive)는 시맨틱 웹(Semantic Web)에 기반을 둔 차세대 디지털 아카이브의 모델을 말한다. 시멘틱웹은 인터넷의 발달로 각종 데이터의 양이 이전과 비교할 수 없을 정도로 증가하자, 컴퓨터가 데이터의 의미를 이해하고 해석하고, 이를 교환할 수 있는 수단을 만드는 것을 목적으로 한다. 따라서 정보와 정보 사이의 관계를 컴퓨터가 처리할 수 있는 온톨로지 형태로 표현하고, 이를 자동화된 기계가 처리하도록 하는 프레임 워크이자 기술이다. 김바로, 「제도-인사의 관계성 데이터 아카이브 구축과 활용」, 한국학중앙연구원 한국학대학원 박사학위논문, 2017, 10쪽.

극단 자유극장의 단원 이병복이 카페와 극장을 겸하는 카페 떼아뜨르를 개관하였다. 이후 실험극장, 민예극장, 연극인회관(쎄실극장) 등이 차례로 개관하여 소극장 연극의 부흥기를 맞이할 수 있었다. 극단은 그들의 전용 소극장에서 실험극, 전위극, 마임극, 모노드라마 등의 형식 실험을 시도하고 새로운 창작극과 번역극을 발표하였다. 이를 바탕으로 1970년대의 소극장은 연극의 대중화를 이끌었으며, 소극장 연극은 동시대 연극의 중요한 특징으로 자리잡았다.

본 연구는 1970년대 소극장 연극 활동과 환경에 대한 디지털 아카이브 구축 방법을 제안하고자 한다. 동시에 1970년대 소극장 연극이 동시대 연극 경향에 미친 영향을 디지털 아카이브에 축적된 데이터를 기반으로 살펴본다. 이를 위한 기술적 방법은 시맨틱 아카이브 구축 방식이며, 구체적인 대상을 1975년 개관한 에저또창고극장과 1976년에서 1979년까지의 삼일로창고극장이다. 이 두 극장은 물리적으로 같은 공간이다. 그러나 극단의 성격에 따라 극장 공간을 연극적으로 해석하는 방식이 달랐다. 에저또창고극장은 객석과 무대의 구분이 없는 아레나 무대를 기반으로 극장 공간 전체를 활용하는 환경극과 배우의 신체 표현을 중심으로 하는 전위극을 공연하였다. 삼일로창고극장은 다수의 번역극과 창작극을 소개하고 국내 연극계에 처음으로 PD시스템2)을 적용하여 1970년대 연극 수준 향상에 기여하였다. 이렇듯 성향

---

2) PD시스템: 프로덕션 시스템(Production System)의 통용어. 극단 중심의 제작 방식이 아니라, 작품 중심의 제작 방식을 의미한다. 작품에 적합한 배우 및 스텝을 고용하고, 이들과 계약을 통해 작품을 제작하는 방식이다. 이는 제작과 창작이 구분되지 않아, 작품 창작에 온전히 몰두할 수 없었던 동인제 극단들의 문제점을 극복하기 위해 제시된 것이다. 1970년대 해외에서 연극을 공부하고 온 학자들에 의해 국내 연극계에 소개되었다. 「연극 "동인제서 PD제로"」, 《조선일보》, 1976년 6월 19일자; 정대경, 「소극장 운동으로 본 삼일로창고극장 연구—1975년부터 1990년 중심—」, 성균관대학교 대학원 석사학위논문, 2005, 47쪽.

이 서로 다른 두 극단의 활동상을 담고 있는 에저또/삼일로창고극장
은 1970년대 소극장 연극의 다양한 측면을 살펴볼 수 있는 시맨틱 아
카이브 대상으로 매우 적절하다.

한편 연극의 내용과 형식 및 공연장의 형태 등은 단순히 예술적 표
현만을 위해 선택된 것들이 아니다. 연극 활동은 필연적으로 사회적
조건에 영향 받으며 그 사회를 살아가는 사람들의 욕망이 반영된다.
동시에 연극은 어떤 장르보다 관객과의 동시적 경험을 강조한다. 이
는 연극이 일회적 예술인 것과 관련이 있다. 연극은 무대와 관객의 상
호작용을 통해 내용을 완성하고 무대 위의 연극과 관객이 경험하는 현
장성은 연극의 본질이기도 하다. 따라서 연극은 사람들의 의식 개선
과 사회 변화를 위한 수단으로 사용되어 왔고, 그 결과 연극은 권력
기관의 검열 대상이 되곤 했다.

국내 연극사를 살펴볼 때 연극 검열은 공연법 제정과 밀접한 관련
이 있다. 일제강점기말에 제정된 조선흥행등취체규칙(朝鮮興行等取締規
則)은 공연과 공연자에 대한 통제와 단속이 목적이었다.[3] 해방 이후에
제정된 공연법 역시 상황은 비슷했다. 1961년 제정된 공연법은 공연
자, 공연, 공연장에 적용되어 공연 활동 전체를 통제하는 수단이 되었
다. 공연하려는 모든 대본은 사전 심의와 심사를 거쳐야 했다. 공연은
반드시 신고해야 했고, 공연자들은 공연자등록증이 있어야 공연할 수

---

3) 제정 공연법은 일제 말기 국내 공연계를 탄압하기 위해 만들어진 조선 총독부의 조선
흥행등취체규칙(朝鮮興行等取締規則)에서 일부만 수정된 형태이다. 이것은 식민시기
집회나 연극 행사를 통해 민족 해방 운동을 수행하였던 공연물을 통제하기 위한 제도
이며, 이는 근본적으로 사상통제를 목적으로 한다. 주된 내용은 극단의 허가제와 연기
자의 등록, 연기증 교부 등 이다. 1961년 공연법에 제정되기 전까지 공연 활동에 관한
유일한 법적 근거로 남아 있었다. 해당 규칙에는 순수예술인 연극과 대중예술이 구별
되어 있지 않았다. 이승희, 「공연법에 이르는 길: 식민지검열에서 냉전검열로의 전환,
1945~1961」, 『민족문학사연구』, 제58권, 2015, 335~337쪽.

있었다. 공연장 등록 및 유지 기준 역시 영세한 극단으로서는 감당하기 어려운 수준이었다. 따라서 1970년대 소극장 연극은 공연법과의 관계 속에서 살펴보아야 하며, 1970년대 소극장 연극에 관한 디지털 아카이브는 소극장 연극 자료와 공연법 자료를 망라하여 구축될 필요가 있다.

지금까지 국내 연극 디지털 아카이브는 기관에서 수집·소장하고 있는 자료를 중심으로 구축되어 있고, 공연 사실을 증명하는 자료 저장소의 역할을 담당하고 있다. 반면 그 자료가 증명하는 연극 공연에 대한 설명과 해석은 연구자의 연구 활동으로 수행되고 있다.

이처럼 '아카이브'와 '연구'가 분리되어 있는 현실은 연구에 의한 해석이 아카이브로 환류되지 못하는 문제를 안고 있다. 즉, 아카이브는 자료만 가지고는 그 맥락을 알기 어렵고, 연구 내용을 접할 때에는 그 증거를 확인하는 것이 용이하지 않은 상황이 개선되지 않고 있는 것이다.

본 연구에서 추구하는 소극장 연극 시맨틱 아카이브는 연극사적 맥락을 아카이브 내부에 반영하려는 시도이다. 새로운 아카이브에서는 종래 아카이빙의 대상이었던 '자료'만을 취급하는 것이 아니라, 자료와 자료의 관계, 나아가 자료 속의 사실과 다른 사실의 관계까지 그 '맥락'을 데이터로 기록할 수 있기 때문이다.

디지털 세계에 존재하는 다양한 지식의 조각들이 서로에 대해 어떤 관계에 있는지 알게 하려는 생각을 '시맨틱 웹'이라고 한다.[4] 이 연구

---

4) '시맨틱 웹'은 인터넷 상에 존재하는 여러 가지 자원들이 각각 별개의 것으로 보이기보다, 서로에 대해 어떠한 의미적 관계를 갖는지를 알게 하는 것을 지향한다. '시맨틱 웹'은 어떤 기술이나 표준을 특정하는 말이기보다, 미래의 '월드 와이드 웹'에 대한 기대와 이상을 표현하는 용어이다. 김현·김바로·임영상, 『디지털 인문학 입문』, HUEBOOKS, 2016, 147쪽.

는 시맨틱 웹 개념을 소극장 디지털 아카이브에 적용하여, '자료'와 '맥락'을 함께 탐색할 수 있는 환경을 구축하고, 이를 통해 종래 '연극 아카이브'와 '연극학 연구'의 간극을 좁히는데 기여하고자 한다.

2. 선행연구

본 연구는 1970년대 소극장 연극의 사회 문화적 맥락을 살필 수 있는 디지털 아카이브를 구현하는 것을 목적으로 한다. 이를 위해 기존 디지털 아카이브의 개념 및 구축 방법에 대한 검토와 함께 아카이빙하고자 하는 대상에 관한 선행 연구를 검토하기로 한다.

1970년대 소극장운동을 직접 경험한 유민영의 연구[5]는 1970년대 소극장의 등장과 동인제 극단들의 구체적인 활동 사항과 사건들을 연극사적 관점에서 조망하고 있다. 유민영은 소극장 등장 이유를 1975년 12월 명동예술극장의 폐관에서 찾고 있다. 명동예술극장이 폐관되자 공연 횟수는 더욱 감소했고, 극단들은 필연적으로 극단 전용 소극장을 개관할 수밖에 없었다. 그러나 유민영은 소극장의 등장이 한국 연극의 왜소화와 극단의 영세화를 촉진하게 되었다는 의견을 밝히기도 한다. 또한 1970년대 동인제 극단[6]의 활동과 문예중흥 5개년 계획으로 시도되었던 전국 순회공연의 맥락, 번역극의 증가, PD시스템과 창작극에 대한 창작자와 비평가 사이의 논쟁 등을 구체적인 자료와 함께 제시하고, 이를 통해 동시대 공연법이 연극에 미친 영향을 밝히려 했다. 유민영에 의하면 공연법 개정에 관한 연극인들의 노력은 단순

---

5) 유민영, 『(우리시대)演劇運動史』, 단국대학교 출판부, 1996.
6) 연극에 대한 동일한 이상을 가진 사람들이 모여 만든 극단을 의미한다.

히 법 개정에 있는 것이 아니라 예술 활동의 본질적 의미를 국가 정책에 의해 보장받으려 한 것이다. 아울러 그는 자유로운 연극 활동 보장에 앞장서야 했던 한국연극협회의 교조적인 태도를 비판하기도 하였다. 아쉬운 점은 관객 수와 공연 수익과 같은 수치들의 출처를 밝히지 않은 것이다.

이승희의 연구7)는 1970년대 연극의 모순된 측면을 다루고 있다. 문예중흥 5개년 계획을 바탕으로 하는 연극 성장과 공연법에 의한 통제가 그것이다. 동시에 정책적인 이유와 경제적 측면에서 소극장과 극단들이 영세할 수밖에 없었던 상황을 설명하고 있다. 그는 1970년대 소극장 대관료와 입장료에 관한 구체적인 자료를 제시하였는데, 이를 바탕으로 번역극에 주력할 수밖에 없었던 극단의 상황을 객관적으로 살필 수 있다.

김윤정의 연구8)는 1960년대에서 70년대까지의 동인제 극단의 성격과 작품 활동을 폭넓게 살펴보고 있다. 김윤정은 1960-70년대에 저또창고극장을 운영하던 극단 에저또와 공연 공간을 확보한 극단 자유극장을 비교 분석하며 동인제 극단과 소극장의 관계를 보여주고 있다. 동시에 1975년 에저또창고극장에서 진행된 극단 에저또의 작품 활동을 소극장 운동9)과 관련하여 살펴보고 있다. 극단 에저또의 1975년 흥행작 〈뱀〉은 1회 연장 공연 이후 더 이상 공연되지 않았는데, 이

---

7) 이승희, 「연극」, 한국예술종합학교 한국예술연구소(엮음), 『한국현대예술사대계 1970년대 Ⅳ』, 시공사, 2004, 163~214쪽.

8) 김윤정, 「동인제 극단 연구 : 극단 자유와 에저또를 중심으로」, 한국예술종합학교 예술전문사 학위 논문, 2016.

9) 소극장 운동에서의 소극장 연극은 단지 소규모 공간에서 진행되는 연극을 의미하지 않는다. 소극장은 대극장에서 행해지는 기성 연극에 반하는 연극 내용과 형식을 실험하는 공간이다.

러한 상황을 소극장 운동의 맥락에서 설명하면서 1975년의 에저또창고극장이 갖는 연극사적 의미를 밝히고 있다.

삼일로창고극장을 다루고 있는 연구는 네 편이 있다.

차범석의 연구[10]는 국내에서 처음으로 시도된 근대에서 현대까지의 국내 소극장 연극 및 운동에 관한 정리 작업이라는 점에서 의의가 있다. 차범석은 소극장 운동의 시작을 근대 협률사[11]의 연극 활동으로 보고 있다. 이와 함께 1950년대부터 등장한 동인제 극단과 1960년 말에 등장한 소극장의 연극사적 의미를 개괄적으로 살펴보고 있다. 1970년대 삼일로창고극장의 공간적 특성과 운영 주체 및 방식에 대해서 언급하고 있으나 공연된 작품들에 대해선 다루고 있지 않다.

정호순의 연구[12]는 1958년 개관하여 1960년 화재로 소실된 원각사 이후의 소극장과 소극장 연극 활동을 극장 별로 상세히 다루고 있다. 정호순은 국내 연극의 활성화에 있어서 극장이라는 현실적인 토대가 무엇보다 중요했음을 밝히고, 소극장을 중심으로 구성된 동시대 연극의 기원을 탐구한다는 점에서 의미가 있다. 정호순은 각 소극장 개관 배경과 극장 공간의 특성 및 개별 극장의 대표작들을 분석하고 있다. 또한 1970년대 연극계가 문예중흥 5개년 계획에 따라 지원을 받는 관 소유의 극장과 공연법에 따른 규제 대상이었던 사설 소극장으로 양분화 되었던 현상을 살펴보고 있다. 그리고 소극장 운영상의 문제점을 지적하고 있다. 소극장은 영세한 극단 소유가 대부분이었기 때문에 연극 흥행을 통한 수익 창출이 반드시 필요했다.[13] 따라서 1970년대

---

10) 차범석, 『한국 소극장 연극사』, 연극과 인간, 2004.
11) 1902년 고종의 명에 따라 서울 정동에 세워진 최초의 현대식 극장이다. 그러나 국악예
　　술인들을 중심의 공연이 진행되었기 때문에 연극만을 위한 극장이라고는 볼 수 없다.
12) 정호순, 『한국의 소극장과 연극 운동』, 연극과 인간, 2002.
13) 국내 소극장은 서구의 소극장과 다르다. 서구의 소극장이 기성연극에 대한 반발과

후반으로 갈수록 소극장에서 서구 코미디극과 같은 작품이 자주 공연되었던 현상을 분석하고 있다. 또한 1980년대 공연법 개정으로 소극장 규제가 완화되자 예술적 목표가 불분명한 소극장이 양산되는 현상역시 고찰하고 있다.

양정모의 연구14)와 정대경의 연구15)는 1975년 에저또창고극장에서 부터 1990년대까지의 삼일로창고극장의 활동 사항을 다루고 있다. 특히 삼일로창고극장의 공간에 대한 연구를 진행하고 있다는 점이 주목할 만하다. 삼일로창고극장의 아레나 무대16)는 1980년대까지 유지되다가 1990년대 극장이 극단 로열시어터의 전용극장이 되면서 프로시니엄 무대로 변하였는데, 공간의 변화가 각 극단의 연극적 성향과관련이 있음을 밝히고 있다는 점에서 의미가 있다. 이와 함께 PD시스템이나 1970년대 후반 극장 폐쇄 위기와 극복과 같은 사건들의 연극사적 의미를 고찰하고 있다. 또한 삼일로창고극장의 공연 연보를 제공하고 있으며, 공연 연보에는 PD시스템이 적용된 공연들을 밝히고

새로운 예술형식을 탐구하기 위한 공간이라면, 국내 소극장은 공연 공간의 부족을 극복하기 위해 마련된 공간이다. 이에 대해 정진수는 서구의 소극장 운동이 십 년 이상지속되지 않는다는 점을 언급하고 있다. 서구에서는 소극장 안에서 할 수 있는 모든연극 실험이 끝나면, 대극장 연극을 하는 등, 창작 방식의 변화가 생긴다는 것이다. 그러나 국내 소극장은 연극 발표 공간 확보가 가장 큰 목적이었다. 뿐만 아니라 당시의연극계는 소극장 연극이 대극장으로 확장될 수 있을 만큼의 기반 조성이 되어 있지않았다. 그 결과 소극장 연극 활동이 고착화되는 현상이 발생하였다. 소극장 연극은국가의 지원 대상이 아니었다. 따라서 지속적인 연극 활동을 위해 흥행에 신경 쓸 수밖에 없었다. 정진수, 「소극장운동, 1974년의 현실」, 『연극평론』, 제11권, 1974, 14쪽.
14) 양경모, 「창고극장 연구」, 동국대학교 대학원 석사학위 논문, 2001.
15) 정대경, 위의 논문, 2005.
16) 아레나 형식은 무대가 관객석으로 360도 둘러싸인 중앙에 위치하는 형태로써 무대와객석의 벽이 없는 것이 가장 큰 특징이다. 프로시니엄 무대가 객석과 분리되어 있다는데 반해 이 무대는 객석이 둘러싸고 있어 배우와 관객 사이의 거리를 단축시키고 친밀감을 형성한다. 정호순, 위의 책, 120쪽.

있어 PD시스템의 적용 상황을 파악할 수 있었다. 그리고 양정모와 정대경의 연구는 극장 운영과 직접적으로 관련 있는 극장 건물주의 변화를 언급하고 있다.[17]

마지막으로 양정모의 연구는 1976년부터 1983년까지 극장의 운영자였던 이원경의 인터뷰를 포함하고 있다. 이것은 1970년대 실제 극장 운영자가 육성으로 구술한 당시의 소극장 활동을 기록으로 남기고 있다는 점에서 의미가 있다. 그리고 정대경은 2004년 이후의 삼일로창고극장의 시설 변화에 대해 구체적으로 언급하고 있으나 이에 따른 작품의 변화를 언급하지는 않았다.

연극 디지털 아카이브의 개념과 본질, 구축된 연극 디지털 아카이브 고찰에 관해서는 다음과 같은 연구가 수행되었다.

이호신의 연구[18]는 공연 예술 아카이브 구축에 있어 공연 예술의 본질인 현장성을 우선 고찰해야 한다는 주장을 담고 있는데, 공연 예술 아카이브가 공연 예술과 기록의 모순적인 관계를 드러내고 있음을 밝히고 있다. 이호신은 공연 기록의 목적은 공연이 전달하는 예술적 감흥을 보존하고자 하는 철학을 바탕으로 전개되어야 함을 주장한다. 따라서 공연 예술 아카이브는 공연 자체를 기록하는 것 이상으로 공연

---

17) 극장의 소유자의 특성은 극장의 정체성을 결정짓는다. 1975년 극단 에저또의 방태수가 가정집을 구입해 소극장으로 개조했을 때에는, 연극실험실의 의미가 강했다. 이후 백병원 정신과의 유석진 박사가 극장을 인수했을 때에는 싸이코드라마 공간과 청소년 선도 및 연극 연구 기관을 의도했다고 알려져 있다. 이후 여관 주인인 오영수가 극장을 인수하고부터는 필연적으로 상업적 목적의 대관 공간이 될 수밖에 없었다. 이는 2015년 삼일로창고극장 폐관과 2017년 재개관을 통해 여실히 드러난다. 2015년 폐관 역시 경제적인 문제였고, 2017년 재개관을 둘러싼 서울시와 서울시의회와의 잡음 역시 대관료와 관련된 것이기 때문이다. 「삼일로창고극장 재개관에 쏠린 기대 속 우려」, 《경향신문》, 2017년 6월 17일자.

18) 이호신, 「공연예술아카이브의 존재론적 특성에 관한 연구」, 『무용역사기록학』, 제33권, 2014, 11~33쪽.

이라는 과정 자체를 보존해야 한다고 밝힌다. 그 동안 공연 예술 아카이브의 연구가 정책적, 기술적인 입장에서만 전개되어 왔음을 고려했을 때, 이호신의 연구는 공연 예술 아카이브의 본질에 관한 성찰을 시도한다는 점에서 의미가 있다.

김유승의 연구[19]는 자료 관리과 보존에만 주력하였던 기존 아카이브를 아카이브 1.0으로 보고 새롭게 추구되어야 할 아카이브의 모습을 '아카이브 2.0'의 이름으로 제안하였다. 아카이브 2.0은 웹 환경의 발달과 함께 아카이브의 자료 활용과 이용자의 편의성을 확장하려는 목적에 따라 제안된 개념이다. 김유승은 아카이브 2.0의 철학과 구체적인 실행의 예를 살펴보고, 아카이브 2.0에 적용되는 디지털 기술을 고찰하였다. 아카이브 2.0에서는 아카이브 이용자 발굴과 이용자들의 편리한 자료 사용을 우선적으로 고려해야 한다. 이에 대한 예시로 미국과 영국에서 위키 시스템[20] 기반으로 구축된 아카이브 2.0의 사례들을 분석하고 있다. 그러나 2010년 당시 연구 대상이었던 사이트들은 현재 시점에서는 살펴볼 수 없었다.[21]

설인재의 연구[22]는 공연 예술 자료의 디지털 아카이브 구축 방법과

---

19) 김유승, 「아카이브 2.0 구축을 위한 이론적 고찰」, 『한국기록관리학회지』, 제10권, 2010, 31~52쪽.

20) 위키 소프트웨어라고도 한다. 웹 브라우저를 사용하여 사용자들 여럿이서 웹 페이지를 만들고 편집할 수 있게 하는 시스템이다. 위키백과가 위키 소프트웨어를 통해 만들어진 것이다. 위키 소프트웨어, 위키백과(https://ko.wikipedia.org/wiki/%EC%9C%84%ED%82%A4_%EC%86%8C%ED%94%84%ED%8A%B8%EC%9B%A8%EC%96%B4, 2017.11.20.)

21) 이는 생애주기가 짧은 디지털 아카이브의 한계 때문이라고도 할 수 있겠지만, 관점을 달리해 보면 디지털 아카이브는 현실 세계의 아카이브와 다르게 고정적인 실체를 유지하는 것이 아니며, 디지털 세계에서 지속적으로 변화하고 확장해 가는 것으로 이해할 필요가 있다. 그러므로 사이트 자체의 존재 여부보다는 그 데이터가 어디에서 유지되고 있는지를 보아야 할 문제이기도 하다.

22) 설인재, 「국내 공연예술 디지털아카이브 발전방안 연구」, 동국대학교 석사학위논문,

문제점 및 개선 방안을 다루고 있다. 공공기관 디지털 아카이브 구축 담당자였던 설인재의 연구는 공공기관에서 공연 디지털 아카이브 구축시의 예산과 시스템 구축 요건 등을 상세히 밝히고 있다는 점에서 의미가 있다.

정은진의 연구[23]는 연극 아카이브 구축 방법의 일부로 연극 디지털 아카이브를 논의하고 있다. 연극 디지털 아카이브의 기능이 실물 자료의 접근성을 높인다는 측면과 자료 보존의 역할을 담당하는 것으로 정의하고 있다. 각 기관별 소장물을 확인할 수 있는 네트워크가 필요하다는 문제제기를 하고 있다는 점에서 의미가 있다. 또한 실물로 남아 있는 연극 자료를 연극사에서 의미가 있는 주제나 사건과 연결시켜야 한다는 의견을 제시하고 있다.

본 연구와 관련한 선행 연구의 검토를 통해 확인할 수 있었던 사실은 다음과 같다.

1960년대까지의 연극계는 공연장 부족으로 인해 활발한 연극 활동을 할 수 없었다. 그리하여 1970년대 극단들은 전용 소극장을 마련하였고 소극장은 연극의 양적 질적 수준이 향상에 기여 하였다. 그러나 소극장 연극은 문예중흥 5개년 계획에 따른 예술 지원의 대상이 될 수 없었으며 공연법에 의한 규제 대상이 되었다. 따라서 소극장 연극은 제도적인 이유와 경제적인 이유에서 심의에 통과하기 쉬운 번역극이나 코미디를 공연하게 되었다. 이러한 상황에서도 1970년대 삼일로창고극장의 PD시스템은 공연법에 한계 안에서 신진 창작자를 육성하는 기능을 수행하였다는 것을 살필 수 있었다. 동시에 1990년대까지의

2012.

23) 정은진, 「연극 아카이브의 구축 및 운영에 관한 연구」, 명지대학교 기록과학전문대학원 박사학위 논문, 2011.

삼일로창고극장 공간의 변화가 공간을 점유하던 개인과 단체의 성격에 따라 규정되었다는 사실을 확인 수 있었다.

연극 디지털 아카이브는 공연 예술의 본질을 고려하여 공연 기록뿐 아니라 창작 과정에서 생산된 자료 전체를 포함할 수 있도록 설계되어야 한다는 요구[24]와 아카이브가 단순히 자료 저장에만 그치지 않고 사용자의 활용과 참여를 고려해야 한다는 의견[25]도 기존 연구에서 제시된 바 있다. 그리고 연극 자료를 의미 있는 주제나 사건과 연결시켜 해당 자료의 연극사적 의미를 알 수 있는 방법이 필요하다는 의견도 제기되었다.[26] 그러나 이러한 요청에 답할 수 있는 구체적인 실행 방법에 대한 논의는 아직까지 본격적으로 이루어지지 않았다고 볼 수 있다.

3. 연구방법

연극 디지털 아카이브의 목적은 연극사적 의미를 담고 있는 디지털 자료와 정보를 전달하는 것에 있다. 그러므로 연극 디지털 아카이브를 구축하고자 하는 특정 시대 및 공간의 연극사적 의미를 우선적으로 탐구하고, 그 바탕 위에서 연극과 관련이 있는 자료·정보를 수집하고 정리하여 아카이브 데이터로 축적해야 한다. 그러나 국내 연극 디지털 아카이브 구축에 관한 연구는 주로 자료의 수집 범위를 설정하거나 자료 분류 체계를 마련하는 것에 집중되고 있다. 연극 디지털 아카이브 구축에 있어 연극 자료와 정보의 연극사적 맥락을 검토하고 이를

---

24) 이호신, 앞의 논문, 29쪽.
25) 김유승, 앞의 논문, 35쪽.
26) 정은진, 앞의 논문, 189~193쪽.

반영하는 경우는 거의 없다. 그 결과 연극 활동을 직접적으로 전달하는 자료 이외에 연극의 사회·문화적 맥락을 전달할 수 있는 자료 및 정보가 소외되는 현상이 발생하였다.

이러한 문제는 디지털 아카이브 구축 방법과 아카이빙 대상에 대한 의미론적 연구가 개별적으로 존재하기 때문에 발생한다. 기존의 학문 체계 안에서는 디지털 아카이브 구축과 연극사 연구를 개별적인 연구 영역으로 보는 시각이 여전히 유효하다. 그러나 디지털 시대에 학문의 새로운 패러다임으로 등장한 디지털 인문학(Digital Humanities)[27]은 디지털 아카이브 구축 방법과 대상에 대한 연구를 통섭하고자 한다.

디지털 인문학은 디지털 환경(Digital Environment)에서 수행하는 인문학 연구와 교육, 그리고 그 연구와 교육의 성과를 우리 사회에 확산시키는 활용 노력 등을 포함하는 용어이다.[28] 디지털 인문학 관점에서의 디지털 아카이브는 디지털 기술을 도구로 삼아 전통적인 아카이브 기능을 효율화하는 것 이상으로 폭 넓은 지식의 문맥을 이루어내는 것을 목표로 한다.[29] 디지털 인문학은 큐레이션(Curation)을 통해 수많은

---

27) 디지털인문학이란 정보기술(Information Technology)의 도움을 받아 새로운 방식으로 수행하는 인문학 연구와 교육, 그리고 이와 관계된 창조적인 저작 활동을 일컫는 말이다. 이것은 전통적인 인문학의 주제를 계승하면서 연구 방법 면에서 디지털 기술을 활용하는 연구, 그리고 예전에는 가능하지 않았지만 컴퓨터를 사용함으로써 시도할 수 있게 된 새로운 성격의 인문학 연구를 포함한다. 단순히 인문학의 연구 대상이 되는 자료를 디지털화 하거나, 연구 결과물을 디지털 형태로 간행하는 것보다는 정보 기술의 환경에서 보다 창조적인 인문학 활동을 전개하는 것, 그리고 그것을 디지털 매체를 통해 소통시킴으로써 보다 혁신적으로 인문 지식의 재생산을 촉진하는 노력이다. 김현, 「디지털인문학-인문학과 문화콘텐츠 상생 구도에 관한 구상」, 『인문콘텐츠』, 제29호, 2013, 12쪽.

28) 김현, 「아카이브와 인문학연구의 통섭」, 『기록인(IN)』, 제41호, 2016, 14쪽.

29) 김현, 「데이터의 시대, 아카이브와 인문학의 융합-백과사전적 아카이브(Encyves)와 디지털 큐레이션-」, 한국기록과정보문화학회, 제5회 학술회의 발표 자료, 2017.12.16, 14쪽.

정보들 가운데 필요한 정보를 찾아내며, 더 나아가 새롭거나 또는 오랫
동안 방치되어 있던 자료 및 말뭉치 등을 발굴할 수 있다.[30] 이와 같은
'디지털 큐레이션(Digital Curation)'은 융합연구의 현장이며 그 성과를
사회적으로 공유하는 체계의 중심이 '디지털 아카이브'이다.[31]

  디지털 인문학에서의 디지털 아카이브는 백과사전적 아카이브
(Encyves, Encyclopedic Archives)[32]의 형태로 구현될 수 있다. 백과사
전적 아카이브는 데이터 네트워크 형태의 백과사전이다. 이것은 항목
과 항목 또는 개별 항목 속의 지식 요소들이 맺는 '관계성'을 보여주는
백과사전이다. 백과사전적 아카이브는 순차적으로 정리된 정보를 제
공하는 것이 아니라, 방대한 규모의 데이터 네트워크 형태로 편찬된
다. 또한 백과사전적 아카이브는 '지식'과 '자료'가 융합된 콘텐츠이기
도 하다. 그리고 백과사전적 아카이브에 포함되는 '자료'는 텍스트 자
료 외에 3차원 가상현실을 제공하는 360 VR(Virtual Reality), 데이터
와 데이터의 관계를 시각화하는 네트워크 그래프, 애니메이션, 전자

---

30) 홍정욱, 「디지털 기술 전환 시대의 인문학: 디지털인문학 선언문을 통한 고찰」, 『인문
　　콘텐츠』, 제38호, 2015, 57쪽.
31) 김현, 위의 논문(2017), 15쪽.
32) 백과사전적 아카이브는 2016-2017년 한국학중앙연구원 인문정보학과 김현 교수와
　　연구팀이 수행한 '한국 기록유산의 디지털 스토리텔링 자원 개발' 사업에서 고안된 개
　　념이다. 이 사업은 한국문화 교육 수요자들에게 한국학 지식과 자료를 종합적으로 전
　　달할 수 있는 교육 교재 개발과 문화산업 자원 구축을 목적으로 수행되었다. 이 사업은
　　백과사전적 아카이브 개념을 통해 한국 기록유산의 지식과 자료의 상호 관계를 시각적
　　인 관계망으로 표현하고, 이를 통해 흥미로운 '한국 문화 이야기'를 발견할 수 있는
　　'문화유산 스토리텔링 자원의 저장소'를 제시하고 있다. 특히 위키 시스템을 활용하여
　　'한글 고문서', '궁중기록화', '민족기록화', '승탑비문'의 네 가지 주제를 멀티미디어
　　콘텐츠로 구축하였다. 각각의 주제는 백과사전 기사, 가상 전시관, 지식관계망, 전자
　　문화지도, 애니메이션으로 구현되었고, 이는 한국문화 엔사이브 온톨로지(Ontology
　　Design for the Encyclopedic Archives of Korean Culture)를 기반으로 구축되었다.
　　Encyves(http://dh.aks.ac.kr/Encyves/wiki/index.php/%EB%8C%80%EB%AC%B
　　8, 2018.3.2.)

문화지도 등 대상에 대한 새로운 시각을 제공해 줄 수 있는 콘텐츠를 포함한다. 마지막으로 데이터 기반의 백과사전적 아카이브는 다양한 층위의 지식과 자료의 관계를 의미화하는 데이터를 포함하며, 이는 네트워크 그래프로 표현되어 인문지식의 빅데이터(Big Data) 네트워크를 구성할 수 있다.[33]

본고의 연극 디지털 아카이브 구축은 백과사전적 아카이브 개념에 기초하여 연극 지식과 자료의 관계를 방대한 데이터 네트워크로 편찬하는 것을 지향한다. 이를 통해 4차 산업시대에 활용될 수 있는 공연예술 지식과 자료의 빅데이터 네트워크를 구성하는 것이 목적이다.

이를 위해 선행되어야 하는 것은 아카이빙 하고자하는 대상의 연극사적 맥락 검토이다. 동시에 연극사 검토 결과를 반영할 수 있는 기술적인 방법을 구체적으로 제시해야 한다. 이를 위해 본 연구에서는 다음과 같은 단계로 연극 디지털 아카이브의 구축 모델을 설계하고, 그 설계에 따라 1970년대 삼일로창고극장과 동시대의 공연법에 관한 자료를 데이터로 축적한 후 시맨틱 아카이브의 활용방안을 몇 가지 주제의 예시를 통해 제시하고자 한다.

첫 번째 국내 연극 디지털 아카이브의 현황과 문제점 및 개선 방안을 검토한다. 기존 연극 디지털 아카이브에서 제공하고 있는 연극 자료의 현황을 파악하고, 발전 과제와 개선 방안을 제시하고자 한다.

두 번째 본 연구에서 구축하고자 하는 시맨틱 아카이브 대상의 연극사적 맥락을 검토한다. 대상은 1970년대 소극장 연극 활동과 1975

---

33) Encyves, 데이터 기반 인문지식 백과사전(http://dh.aks.ac.kr/Encyves/wiki/index.php/%EB%8D%B0%EC%9D%B4%ED%84%B0_%EA%B8%B0%EB%B0%98_%EC%9D%B8%EB%AC%B8%EC%A7%80%EC%8B%9D_%EB%B0%B1%EA%B3%BC%EC%82%AC%EC%A0%84, 2018.3.2.)

년 에저또창고극장, 1976년에서 1979년까지의 삼일로창고극장의 연극 활동이다. 해당 시기의 소극장 연극 활동에서 발견할 수 있는 연극사적 맥락을 탐구하여 데이터화가 필요한 범위와 성격을 가늠하고자 한다.

세 번째 1975년 에저또창고극장과 1976~79년의 삼일로창고극장 연극 활동에 관한 데이터를 수집하고 정리한 내용을 체계적으로 기술할 것이다. 데이터 수집과 정리의 중심 자료는 2015년 서울시 미래유산 사업 '삼일로창고극장 공연 자료 디지털 아카이빙 사업'을 통해 수집된 기록물들이다. 이 자료를 통해 알 수 있는 1970년대 소극장 연극계의 인물, 공연, 희곡, 극단, 보도 기사, 연구 문헌 등의 관련 정보를 조사하여 정리하고자 한다. 공연 기록물의 내용도 분석하여 공연 데이터, 작품 데이터, 공연 활동의 이해를 돕기 위한 개념/용어/사건 데이터를 추출하여 정보화할 것이다.

네 번째 1970년대 소극장 연극과 공연법의 관계를 검토한다. 이를 위해 공연법 관련 자료를 수집하고 정리할 것이다. 공연법 관련 자료에는 공연법령 외에, 한국공연윤리위원회《공연윤리》에 기록된 대본 심의 결과, 서울시청에서 소장 중인 공연자등록에 관한 자료 등이 있다. 아울러 공연법에 의거한 공연신고 절차와 그 시행을 조사하여 정리하고자 한다.

다섯 번째 이와 같은 조사 연구를 기반으로 1970년대 소극장 연극의 세계를 디지털 공간에 담아내기 위한 온톨로지를 설계한다.[34] 앞

---

34) 온톨로지란 정보화의 대상이 되는 세계를 전자적으로 표현할 수 있도록 구성한 데이터 기술 체계이다. 본래 철학의 용어로 '존재'에 관해 연구하는 학문을 뜻하였는데, 정보과학에서는 대상 세계를 추상화하여 이해할 수 있도록 제시된 틀의 의미로 사용되고 있다. 디지털 기술로서의 온톨로지 설계는 대상 세계에 대한 데이터를 공통된 유형에 따라 분류하여 클래스를 설정하고, 각각의 클래스에 속하는 개체들의 관계를 컴퓨

에서 수집·정리한 데이터를 기반으로 데이터의 범주(Class)를 설정
하고 개별 데이터들은 이 범주의 노드(Node)로 식별될 수 있게 할 것
이다. 아울러 노드와 노드 사이의 관계에 담겨 있는 연극사적 맥락은
관계 서술어로 정의하여 그 관계성을 명시적으로 드러내는 장치를 마
련할 것이다. 이와 같이 설계된 온톨로지에 따라 구축된 데이터가 시
맨틱 데이터이다. 이 시맨틱 데이터는 1970년대 소극장 연극 활동을
연구하고자 하는 모든 연구자들이 활용할 수 있도록 위키 페이지에 게
시한다.

본 연구의 과정에서는 구축된 시맨틱 아카이브 상에서 몇 가지 유
의미한 주제의 데이터를 탐색하고, 여기에서 얻어진 데이터를 토대로
1970년대 소극장 활동의 일면을 들여다보는 예시를 선보임으로써 시
맨틱 아카이브 활용 방법과 효용성을 보이고자 한다.

터가 이해할 수 있도록 명시적으로 표시하는 관계 서술어를 정의하는 것이다. 김현
외, 앞의 책, 164쪽.

제2장

한국의 연극 디지털 아카이브 현황

국내 연극 디지털 아카이브의 현황은 다음과 같다. 한국문화예술진흥원 예술자료원의 DA-Arts, 국립극장 공연예술디지털박물관, 남해국제탈박물관의 스마트 박물관, 국립아시아문화전당의 아시아문화아카이브, 시·도의 문화재단에서 운영하는 문화예술 디지털 아카이브이다. 이번 장에서는 국내 연극 디지털 아카이브의 특징과 구성을 살펴보고 문제점과 개선 방안을 제시하고자 한다.

1. 국내 연극 디지털 아카이브

1) 한국문화예술위원회 예술자료원 DA-Arts

DA-Arts(Korea Digital Archives for the Arts)[1]는 한국문화예술위원회 예술자료원[2]에서 운영하고 있는 예술 자료 디지털 아카이브이다.

---

1) 예술자료원 DA-Arts(http://www.daarts.or.kr, 2017.11.20.)
2) 예술자료원은 1979년 5월 현 아르코미술관(당시 미술회관) 3층에서 한국문화예술진흥원 자료관으로 개관하였다. 당시 도서자료실과 시청각자료실로 구성되어 문학, 음악, 미술, 연극, 무용 등 예술 각 장르의 단행본, 연속간행물, 공연 및 전시 자료(프로그램, 리플렛, 포스터, 사진 등), 공연 현장 실황 영상 등을 수집하고 서비스하는 전문도서관으로 출발하였다. 1987년 한국문화예술진흥원 문화발전연구소의 개소와 함께 덕수궁 석조전으로 확장 이전 하였고, 1992년 예술의전당 예술자료관과 한국문화예술진흥원 자료관을 통합하여 한국문화예술진흥원 예술자료관으로 명칭을 변경하고, 예술

DA-Arts의 설계와 구축은 예술자료원과 디지털 자원 저장에 관한 전문 업체인 ARGONET이 담당하였다.3)

DA-Arts는 예술자료원에 소장 중인 실물 자료와 예술단체 및 예술인이 제공하는 예술 자료를 디지털 이미지, 동영상, 음원으로 변환하여 축적하였고,4) 예술단체와 예술인이 공동으로 활용할 수 있는 디지털 자료 저장소이자 저장되어 있는 자료를 통합적으로 검색하고 활용할 수 있는 디지털 아카이브임을 밝히고 있다.5)

DA-Arts의 예술 정보와 자료는 크게 '공연예술', '시각예술', '창작음악', '구술채록'6), '컬렉션'으로 구분 된다. 연극 정보와 자료는 '공

의전당 예술자료관으로 이전하였다. 2003년 "한국 근현대예술사 구술채록사업" 수행을 기점으로 문화예술 분야의 다양한 실물자료와 각종 현장 기록물과 아카이브를 수집하는 역할로 점진적으로 그 역할을 확장하였다. 2005년 한국문화예술위원회 출범과 함께 아르코예술정보관으로 명칭을 변경하였고, 2009년 문화체육관광부 "예술현장 활성화를 위한 예술지원정책"의 일환으로 한국문화예술위원회와 독립하여 별도의 기구 설립을 확정지었다. 2010년 국립예술자료원(Korean National Archives of the Arts)으로 재출범하였으며, 국내 최초의 예술자료 수집, 보전, 조사, 연구를 위한 전문기구를 표방하였다. 이는 아르코예술정보관이 예술전문도서관으로 운영된 것과는 달리 예술 전문 아카이브를 표방하였으며, 다양한 예술가들과 예술단체가 생산한 예술기록을 수집하려는 목적으로 출범한 기구이다. 그러나 2014년 문화체육관광부의 정책 방침 변경으로 한국문화예술위원회에 다시 흡수 통합되었다. 문화체육관광부는 국립예술자료원이 문화예술위원회의 예술지원사업과의 유기적인 연계 고리가 끊기면서 예술기록의 수집과 보전이 오히려 퇴행했다는 공식적인 입장을 표명했고, 이에 따라 한국문화예술위원회 예술자료원으로 명칭이 변경되었으며 내부 조직도 축소 개편되었다. 한국문화예술 위원회, 『예술아카이브 운영 전문화 방안 연구』, 2015.7, 18~20쪽.

3) ARGONET, DA Arts(https://argonet.co.kr/%EB%AA%A8%EB%93%A0-%EC%98%88%EC%88%A0%EC%A0%95%EB%B3%B4%EB%A5%BC-%EC%9D%B4%EA%B3%B3EC%97%90-da-arts, 2017.11.21.)

4) 예술자료원의 공연예술 소장 자료는 13,371건이다. 이미지 자료 27,936건, 영상자료 2,355건 음원자료 692건 문서자료 7,474건이다. 이중 연극 자료는 3,189건이다. 2017년 11월 29일 기준.

5) DA-Arts 소개(http://www.daarts.or.kr/intro/intro.jsp, 2017.11.21.)

6) 구술채록은 2003년부터 시작되었다. '예술사 연구를 위한 기초 자료의 절대적인 부족과 이에 따른 예술사 연구의 단절과 공백을 메우기 위한 시도'에서 비롯되었다고 밝히고

[그림 II-1] 예술자료원 DA-Arts 공연예술 정보와 자료 분류 방식

[그림 II-2] 예술자료원 DA-Arts 연극 정보

연예술'의 하위 범주인 '연극'에 속해 있다. '공연예술'은 '연극', '무용', '음악', '전통', '뮤지컬', '다원', '기타'로 구분되고 있다. '자료유형'으로는 '이미지', '동영상', '텍스트', '음원'이 있다. '주체유형'은 예

─────────────────

있다. 예술자료원 구술채록(http://www.daarts.or.kr/gusoolBuss.jsp, 2017.8.31.)

[그림 Ⅱ-3] 예술자료원 DA-Arts 예술단체

술 자료를 생산한 단체나 개인을 말한다. 이는 '예술단체'와 '예술인' 으로 구분되어 있다.

　[그림 Ⅱ-2]은 DA-Arts에서 제공하는 연극 정보와 자료에 관한 예 시이다. 상단에 '공연장소', '공연날짜', '장르', '연출', '출연', '제작 진', '행사명', '작성자'의 정보가 있다. 그 아래에 '공연설명'이 있고,

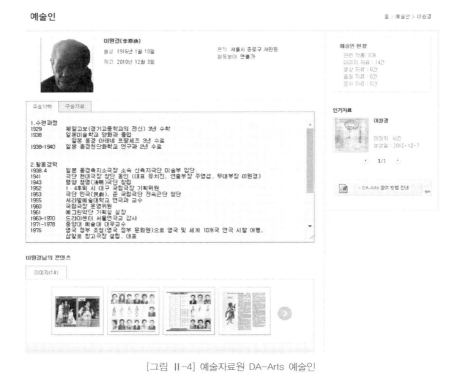

[그림 Ⅱ-4] 예술자료원 DA-Arts 예술인

'출연진', '제작진' 정보가 반복해서 제공된다. 하단에는 해당 공연의 '자료(콘텐츠)'가 제시되어 있다.

[그림 Ⅱ-3]는 DA-Arts '예술단체' 정보 제공 방식의 예시이다. 상단에 '대표', '단체유형', '설립일'과 극단에 대한 간략한 설명을 제공하고 있다. 그 아래에 '연혁'과 '수상내역', 극단 자유극장의 홍보자료 '이미지'를 제시하고 있다. '이미지' 하단에는 단체의 공연 정보를 제공하고 있다.

[그림 Ⅱ-4]는 DA-Arts의 '예술인' 정보 제공 방식의 예시이다. 예

술인의 '출생', '작고', '본적', '활동분야', '주요약력'과 '구술자료'에
관한 사항과 관련 '자료(콘텐츠)'를 제공하고 있다.

　DA-Arts '자료유형'에 속하는 '이미지'는 주로 실물 포스터나 사진
을 디지털 이미지화한 것을 말한다. '동영상'은 공연 실황을 기록한 영
상이며, '텍스트'는 프로그램 및 공연대본처럼 언어의 비중이 큰 공연
자료의 디지털 이미지이다. '음원'은 뮤지컬 등에서 사용된 공연 음악
자료이다.

[그림 Ⅱ-5] 예술자료원 DA-Arts 자료 유형 : 이미지 목록

　연극자료는 [그림 Ⅱ-5]에서처럼 연극 정보와 함께 제공된다. 그림
왼편이 연극 정보이고 오른편이 자료이다. [그림 Ⅱ-6]은 DA-Arts의
'이미지' 자료 제공 방식이다. '이미지' 자료는 작품명, '공연단체', '공
연장소', '공연날짜', '장르', '연출', '행사명', '작성자' 등 자료와 관련
있는 정보와 함께 제공된다.

　[그림 Ⅱ-7]은 DA-Arts에서 제공하는 공연실황 '동영상' 예시이
다. 15~20분 내외의 공연 하이라이트 영상을 제공하고 있다.

작품명 : 유리동물원
공연단체 : 극단산하
공연장소 : 연극인회관
공연날짜 : 1974.9.1 ~ 1974.9.7
장르 : 연극
연출 : 문고헌
행사명 : 극단산하 21회 공연
작성자 : 한국문화예술위원회 예술자료원

유리동물원_1974.jpg

유리동물원_1974.jpg

[그림 II-6] 예술자료원 DA-Arts 자료 유형 : 이미지 제공 방식

[그림 II-7] 예술자료원 DA-Arts 자료 유형 : 동영상 제공 방식

[그림 II-8] 예술자료원 DA-Arts 자료 유형: 텍스트 제공 방식

[그림 II-8]은 DA-Arts의 '텍스트' 자료 제공 방식 예시이다. 프로그램이나, 공연 대본 등을 온라인 PDF파일 뷰어로 볼 수 있게 구성되어 있다.

DA-Arts는 공연 창작 과정에서 생산된 자료 역시 제공하고 있다. 무대 미술가 3인이 무대 스케치, 의상 디자인, 무대 도면과 같은 공연 창작 과정을 엿볼 수 있는 자료를 기증하였다. [그림 II-9]는 컬렉션 기증자 정보이고, [그림 II-10]은 기증자의 자료에 관한 것이다.

DA-Arts는 근대희곡 컬렉션을 제공하고 있다. 근대희곡 컬렉션은 근대희곡 60여 편에 해당하는 희곡 정보와 희곡 원문을 제공한다. 근대희곡에 관한 정보는 '작품명', '작가명', 'UCI코드[7]', '창작년도', '파

---

7) UCI(Universal Content Identifier)코드는 디지털 콘텐츠에 유일하고 영구한 코드를 부여하는 국가표준 식별체계이다. 수많은 디지털콘텐츠 중에서 각각의 콘텐츠를 식별하는 방법으로, 인터넷상의 정보 공유와 교류를 원활하게 만드는 중요한 역할을 위해 마련된 체계이다. UCI 차세대 디지털 콘텐츠 유통의 인프라(http://www.uci.or.kr/kor/file/intro/new_intro_01a.jsp, 2017.11.21.)

무대미술(Stage Design) 컬렉션

홈 > 컬렉션 > 무대미술 > 이병복

무대미술가 이병복은 1927년 경북 영천의 대부호 이연복의 손녀이자 우리나라 최초의 농림부 양정국장과 식량공사 이사장을 지낸 이훈(李勳)의 맏딸로 태어났다. 이화여대를 인연으로 박노경, 오화섭 부부와 함께 여인소극장(女人小劇場) 창립멤버로 참가하며 연극계에 발을 디디면 한국전쟁 발발했고, 피난지 부산에서 권옥연(權玉淵. 1923~2011) 화백과 부부의 연을 맺고 함께 프랑스로 유학을 떠난다. 귀국 후 1966년 연출이 김정옥과 극단 자유를 창단한다. 1969년 4월, 소극장 연극의 메카로 부상한 카페 떼아뜨르를 개관했다. 이병복은 <여자 무엇이 되어 만나랴>, <따라지의 향연>, <바람부는 날에도 꽃은 피네>, <셀링>, <피의 결혼> <어릿광대> 등의 무대에 우리의 옷과 천과 재료로 독보적인 미학을 창성했다. 가장 한국적인, 한국을 대표하는 무대미술가로 평가된다. 1991년에는 한국 최초로 PQ(Praha Quadriennale. 세계무대미술경연대회)에서 무대의상을 받았고, 2015년 제25회 이해랑연극상 특별상을 수상했다. 2015년 3월 27일, 무대의상 스케치, 공연 및 작업 사진 등 소장 자료 2,476점을 기증했다.

작가이력 상세보기 >

전체(11) 연극(11) **검색**

| 바로가기 | 한글명 | ㄱ ㄴ ㄷ ㄹ ㅁ ㅂ ㅅ ㅇ ㅈ ㅊ ㅋ ㅌ ㅍ ㅎ | 영문명 | All A B C D E F G H I J K L M 0-9 N O P Q R S T U V W X Y Z |

1995년 피의 결혼
1991년 따라지의 향연
1969년 그리고 그들은 죽어갔다
1986년 어디서 무엇이 되어 만나랴

1993년 햄릿
1991년 기도
1989년 도적들의 무도회
1970년 어디서 무엇이 되어 만나랴

1992년 노을을 날아가는 새들
1991년 환자 호동
1988년 수양대 연못면 양철이라도

[그림 Ⅱ-9] 예술자료원 DA-Arts 무대미술 컬렉션-1

작품명: 피의 결혼
디자인: 이병복
(김정옥 연출, 예술의전당 자유소극장,
1995년)

디자인 연도 : 1995

"옷이구 무대구 다 달러요. 저는
털 때마다. 그러나 거의 흑색, 백
색이야, 그건 인제 지가 흑색 좋아
하구 백색 좋아하는 그것두 있지
만, 이게 원체 서반아 고전이니까.
서반아라는 게 하얀 집에다가, 새
파란 하늘에다, 까만 옷이거든요,
지가 서반아 여행 갔을 적에 하야
얀 집 벽에, 쨍쨍 하는 하늘에 태
양에, 까만 옷을 입구 할머니들이
...

공연정보 상세보기 >

여자배역 (에스키스, 종이에 채색)

전체(16) 스케치(16)

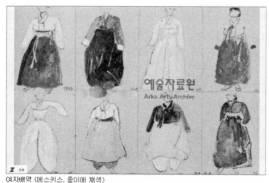

| 스케치 | 스케치 | 스케치 | 스케치 |

[그림 Ⅱ-10] 예술자료원 DA-Arts 무대미술 컬렉션-2

근대희곡 컬렉션

홈 > 컬렉션 > 근대희곡

작품명   우는안해와 웃는남편
작가명   김영팔 / 대한민국
UCI코드   G004:B0000-2012031821195158446
창작년도   1931년
파일포맷   PDF
작품구성   -
작품보기   [PDF 보아]

줄거리

1930년대의 한 일반 가정집. 남편과 아내가 라디오 드라마를 듣고 있다. 라디오 드라마가 끝나고 남편은 아내에게 말을 걸자만. 아내는 남편의 해안 영해의 일로 기분이 좋지 않다. 아내는 남편이 해안 영해에게만 신경을 쓰고 자신을 사랑하지 않는다고 투덜을 하고, 헤어지자고 말한다. 하지만 남편은 그런 아내의 매기에 별 반응을 보이지 않고 당난으로 대답을 한다. 이에 더 욱 화가 난 아내는 울며 집을 나가겠다고 말한다. 이후 아내는 남편이 자신에게 한 말들을 진심이 아니라 자신을 놀리기 위해 한 말들이었음을 알게 된다. 아내는 창피해하지만 결국 남편과 화해를 한다.

작품해설

이 작품은 김영팔이 1931년 5월에 〈해성〉에 발표한 단막극이다. 김영팔은 1924년에 〈개벽〉에 단막극 〈잇처가는 처녀〉를 발표하면서 본격적인 극작가 생활을 시작했다. 1930년대 초까지 김영팔이 남긴 작품은 희곡 10여 편과 소설 10여 편으로 주로 전통인습에 대한 비판을 담고 있었다. 프롤레타리아의 처지에서 인습을 타파하고 생존권을 확보하자는 주장을 담은 저항적 희곡을 썼던 김영팔은 카프(KAPF:조선 프롤레타리아 예술가 동맹)로부터 제명당한 뒤, 세태극을 쓰게 된다. 그의 작품세계는 근대희곡사의 두 흐름이라 볼 수 있는 전통적 인습으로부터의 해방, 그리고 식민지 압제로부터의 해방과 모두 연결된다. 〈우는 안해와 웃는 남편〉은 김영팔이 카프에서 제명당한 뒤 쓴 세태극 작품 중의 하나로, 현재까지 공연된 기록은 남아있지 않다.

[그림 II-11] 예술자료원 DA-Arts 근대희곡 컬렉션

일포맷', '작품구성'8)이다. 작품은 텍스트 자료처럼 온라인에서 PDF 파일로 볼 수 있으나 다운로드할 수는 없다.

이처럼 DA-Arts는 근대에서부터 현재에 이르는 다양한 예술 자료의 디지털 자료 저장소로 기능하고 있다. 또한 공연 창작 과정을 추측할 수 있는 무대미술 컬렉션 자료 등을 제공하면서 아카이브 본연의 임무에 충실하고 있다. 그러나 연극 정보가 3,189건(2017년 11월 29일 기준)인 것에 반해 '예술단체'와 '예술인' 정보는 4건과 46건에 불과했다. 그 결과 DA-Arts에 있는 대다수의 자료 생산자 정보를 확인할 수 없었다.9)

---

8) 단막, 장막, 촌극 등 장르에 해당하는 내용이다.
9) 그러나 DA-Arts의 시각예술의 경우 미술작가 500인의 인명 정보를 제공하고 있고, 창작음악 역시 작곡가 약 200명의 인명 정보를 제공하고 있다. 이를 바탕으로 자료와 자료 생산 주체의 관계를 파악할 수 있었다.

[그림 II-12] 국립극장 공연예술 디지털 아카이브 자료 분류 유형

2) 국립극장 공연예술 디지털 아카이브

공연예술 디지털 아카이브10)는 국립극장 공연예술박물관11)에서 구축한 공연 디지털 아카이브이다. 공연예술 디지털 아카이브는 담당자가 공연예술 디지털 아카이브 설계 방법을 연구하고 그 결과를 반영해 구축되었다.12)

공연예술 디지털 아카이브는 국립극단, 국립창극단, 국립무용단, 국립국악관현악단, 국립발레단, 국립오페라단, 국립합창단, 국립교향

---

10) 국립극장 공연예술디지털아카이브(http://archive.ntok.go.kr, 2017.8.13.)
11) 국립극장 공연예술박물관은 공연예술 자료와 유품을 관리와 전시, 각종 연구, 교육 사업을 통해 공연예술 자료의 현대적 가치를 재조명하기 위한 목적으로 2009년 12월 개관했다. 공연예술 디지털 아카이브(http://www.nocutnews.co.kr/news/4530170, 2017.11.21.)
12) 설인재, 앞의 논문.

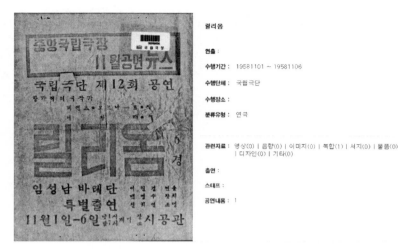

[그림 Ⅱ-13] 국립극장 공연예술 디지털 아카이브 일반연극 정보

악단, 국립현대무용단과 국립극장 기획 공연의 프로그램, 포스터, 공연 사진 등을 디지털 이미지로 제공하고 있다. 공연예술 디지털 아카이브의 연극 자료는 국립극단의 자료이다. 해당 자료는 1950년에서 2014년까지의 국립극단 정기공연에서 생산된 것들이다.

[그림 Ⅱ-12]는 공연예술 디지털 아카이브의 자료 분류 유형에 관한 것이다. 자료는 '연극', '연희', '무용', '음악', '공연일반', '무대일반', '기타'로 구분되어 있다. '공연일반'은 앞선 분류에 포함되지 않는 융합 장르 공연이나 페스티벌 공연 자료를 포함하고 있다. '연극'은 '일반연극', '인형극', '퍼포먼스', '서커스', '마임', '아동극', '대중쇼', '기타'의 하위 범주로 구성되어 있다.13)

[그림 Ⅱ-13]은 공연예술 디지털 아카이브의 '일반연극' 정보 제공 방식이다. 최상단에 작품 제목이 있고, 그 아래에 '연출', '수행기간',

---

13) 일반연극에 194편이 있으며, 나머지 분류에는 한 편도 없다.

'수행단체', '수행장소', '분류유형'의 정보를 제공한다. 하단에는 '관
련자료', '출연', '스태프', '공연내용'이 있다. '관련자료'의 '복합'에 숫
자 1이 표기되어 있다. 이는 해당 연극에 관련된 복합 자료가 1건이라
는 의미이다. 그러나 [그림 Ⅱ-13]에서 볼 수 있듯이 '수행기간', '수행
단체', '분류유형'에 관한 정보 외에 '출연', '스태프', '공연내용'에 관
한 정보가 없다.[14]

공연예술 디지털 아카이브의 '자료유형'은 '영상', '음향', '이미지',
'복합', '디자인', '서지', '물품', '기타'로 구분된다. '영상'은 공연 영상
을 기록한 포맷에 따라 분류되어 있다. 'DVD', '8mm', 'VHS' 등으로
구분된다. 대부분의 자료는 '이미지'와 '복합'에 포함되어 있다.[15] '복
합'은 '포스터', '프로그램', '전단지', '기타'의 하위 범주로 구성되어
있다. '이미지'는 '사진', '필름', '그림', '기타'의 하위 범주로 구성되어
있다.

[그림 Ⅱ-14]는 공연예술 디지털 아카이브의 '이미지', '복합'의 자
료 제공 방식이다. 상단에 공연 사진이나 프로그램, 포스터 이미지가
있고 하단에는 작품 제목, '연출', '수행기간', '수행단체', '수행장소',
'분류유형', '제작', '출연', '스태프', '내용'의 항목이 있다. '관련자료'
가 있을 경우 '관련자료' 유형 옆에 괄호로 수량이 표기되어 있다.

공연예술 디지털 아카이브는 자료의 맥락을 설명해 줄 수 있는 메
타데이터[16]가 충분치 않다. 자료와 관련 있는 공연 제목과 공연 날짜

---

14) 공연예술디지털 아카이브 자료는 최소한의 메타데이터 정보만 입력되어 있다. 메타데
이터가 부실하면 자료 이미지 활용도 역시 낮을 수밖에 없다. 반면 예술자료원
DA-Arts는 연극 내용과 출연진 정보에 대한 메타데이터를 충실히 제공하고 있다.
15) 이미지 1117건, 복합 2873건이다.
16) 데이터에 관한 데이터이다. 데이터에 관한 상세 정보를 제공하는 형식을 말한다. 예를
들어 도서관에서 저자, 출판일, 출판사, 주제 등의 서지기술용으로 만든 것이 대표적이

[그림 Ⅱ-14] 국립극장 공연예술 디지털 아카이브 이미지, 복합 자료

다. DA-Arts의 경우 작품명, 공연단체, 공연장소, 공연날짜, 장르, 연출, 행사명, 작성자 등이 메타데이터에 해당한다. 메타데이터, 위키백과(https://ko.wikipedia.org/wiki/%EB%A9%94%ED%83%80%EB%8D%B0%EC%9D%B4%ED%84%B0, 2017.11.21.)

를 제외하고 출연자와 같은 정보를 제공하지 않고 있었다. 그리하여
소장 자료 검색은 연극 제목을 키워드로 했을 경우에만 유효했다.

3) 남해국제탈공연예술촌 스마트박물관

스마트 박물관[17]은 남해국제탈공연예술촌[18]에서 운영하는 공연 예
술 자료 아카이브이다. 2008년 5월에 개관한 남해국제탈공연예술촌
은 동국대학교 연극영화과 교수였던 김흥우가 수집한 공연 자료를 체
계적으로 관리 및 전시하는 공간이다.[19] 스마트박물관은 남해국제탈
공연예술촌에서 소장하고 있는 공연 자료를 디지털 이미지로 제공하
는 공연 자료 아카이브이다. 스마트박물관은 2009년부터 수장고에 있
는 자료의 전산화 작업을 거쳐 완성되었다.[20] 탈의 경우 3D 이미지로
제작되었다.[21]

[그림 Ⅱ-15]은 남해국제탈공연예술촌 스마트박물관의 메인 화면인
데, 남해국제탈공연예술촌과 스마트박물관이 남해군 관광 정보 포털에
서 제공되고 있다는 점이 특징이다. 스마트박물관은 남해군 관광 정보
포털을 통해 공연 자료 디지털 이미지를 제공하기 때문에 남해군과 남

---

17) 스마트박물관(http://tour.namhae.go.kr/00002875/00003544/00002942.web, 2017.
11.21.)
18) 남해국제탈공연예술촌(http://tour.namhae.go.kr/00002875/00003544/00002878.
web, 2017.11.21.)
19) 남해국제탈공연예술촌에는 약 700점의 국내외 탈과 약 2,000점의 포스터, 약 4,000
점의 대본, 50,000여점의 사진 자료가 보관되어 있다.
20) 디지털 이미지 자료는 1960년대에서 2000년대까지의 포스터 688건, 팜플렛 4752건,
대본 3176건, 전단지 2080건이며 DVD는 2496건이다.
21) 전통 탈을 3D이미지로 제공하고 있는 곳은 와세다 대학에서 운영하는 'Waseda
University Cultural Resource Database'가 있다. 와세다 대학은 일본 전통탈을 3D
이미지로 제공하고 있다. Waseda University Cultural Resource Database(http://
archive.waseda.jp/archive, 2017.12.21.)

스마트박물관

[그림 II-15] 남해국제탈공연예술촌 스마트박물관

해국제탈공연예술촌 방문을 유도하는 목적으로도 활용되고 있었다.

스마트박물관은 'DA-Arts'나 '공연예술 디지털 아카이브'처럼 공연 자료를 장르에 따라 세분화하고 있지 않았다. 공연 자료는 '포스터', 'DVD', '도서', '팸플릿', '전단', '대본', '동양탈', '서양탈', '인형', '탈 3D보기'로 구분되었다.

[그림 II-16]은 스마트박물관에서 제공하는 '포스터' 자료 목록이다. 포스터 목록은 포스터 이미지와 '종류', '유물번호', '제작년도' 정보를 함께 제공한다.

[그림 Ⅱ-16] 남해국제탈공연예술촌 스마트박물관 포스터 목록

    [그림 Ⅱ-17]은 스마트박물관에서 제공하는 포스터 자료와 해당 작품의 정보에 관한 것이다. '원작', '연출', '안무', '예술감독', '극본', '작곡', '기타참고자료' 정보를 제공하고 있다.

    [그림 Ⅱ-18]는 남해국제탈박물관에서 소장하고 있는 도서 정보이다. '도서' 분류에서 제공하는 디지털 이미지는 일반 단행본과 학술대회 논문집과 같은 자료집 표지와 목차 페이지이다. 그리고 해당 도서에 대한 '저자', '출판사', '발행년도', '청구번호', '등록번호' 정보 역시 제공하고 있다.

[그림 II-17] 남해국제탈공연예술촌 스마트박물관 포스터

[그림 II-18] 남해국제탈박물관 스마트박물관 도서

달나라와 딸꾹질

내용이 없습니다

[그림 Ⅱ-19] 남해국제탈박물관 스마트박물관 팸플릿

[그림 Ⅱ-19]은 '팸플릿' 자료를 제공하는 방식이다. 팸플릿은 '국가명', '구분', '유물번호', '소분류', '제목', '연도', '단체', '연출자' '생산연대' 정보를 제공한다.

실험극장 제11회공연 -안티고네

내용이 없습니다

[그림 Ⅱ-20] 남해국제탈박물관 스마트박물관 전단지

[그림 Ⅱ-20]의 전단지 자료는 '국가명', '구분', '유물번호', '소분류', '제목', '연도', '단체', '연출자', '생산연대' 정보를 제공한다.

[그림 Ⅱ-21] 남해국제탈박물관 스마트박물관 공연대본

[그림 Ⅱ-21]은 '공연대본' 자료이다. 대본 표지 이미지와 '생산년도', '코드', '제목', '작가', '극본', '연출' 정보를 제공한다. 스마트박물관은 전체 13,192건의 공연 자료를 제공하며 소재 파악이 어려운 1960-70년대 자료를 상당량 보유하고 있다는 점에서 활용 가능성이 높다.

4) 부산문화재단 전자 아카이브

부산문화재단의 전자 아카이브[22]는 부산에서 '지난 50여 년간 이루

---

22) 부산문화재단 전자아카이브(http://e-archive.bscf.or.kr, 2017.8.13.)

[그림 Ⅱ-22] 부산문화재단 전자 아카이브

어진 문학, 미술, 연극, 무용, 음악 등 전 장르의 문화예술작품을 디지털화 하여 부산 문화예술 자원을 영구히 보존하고 부산문화예술 정보 축적 및 일반 시민의 원활한 문화 예술 자료 이용'을 위해 구축되었다.[23] 전자 아카이브는 2009년 디지털 아카이브 구축을 위한 자문위원회 조직을 시작으로 해마다 자료수집 및 DB(Database)등록 사업을 통해 현재의 디지털 아카이브를 완성할 수 있었다. 아카이브 설계와

---

23) 부산문화재단 전자아카이브(http://e-archive.bscf.or.kr/21_info/02_info.php, 2017.11.21.)

구현은 부산문화재단과 디지털 아카이브 전문 업체에서 담당하였다.

부산문화재단 전자 아카이브의 구성은 [그림 Ⅱ-22]와 같다. 전자 아카이브에 관한 '소개', '검색', 'Archive', '내정보방', '참여마당'으로 구분되어 있다. 부산의 예술과 문화 정보와 자료 축적은 'Archive'에 해당한다.

전자 아카이브는 부산에서 문화 예술 활동을 하고 있는 기관, 단체, 인물, 시설 및 문화예술교육 정보에 관한 '기본DB'와 문화 예술 자료를 제공하는 '기록자료실'이 연극 자료와 정보를 저장하는 연극 디지털 아카이브의 기능을 수행하고 있었다.

[그림 Ⅱ-23] 부산문화재단 전자 아카이브 기본DB

[그림 Ⅱ-23]은 부산문화재단 전자 아카이브 '기본DB'에 관한 것이다. '기본DB'는 '문화예술업체', '문화예술시설', '문화예술단체', '문화예술작품', '문화예술인', '문화예술교육자료'로 세분화되어 있다. '문화예술지원업체'는 '출판사', '기획사', 'STAFF'로 구분된다. '문화예술시설'은 '공연장', '전시장', '레지던시', '영화관', '도서관', '박물관',

문화예술작품 > 공연예술작품 > 연극 > 정극

No. APD3886
최종업데이트 : 2013.12.06

자료등록 : (재)부산문화재단
본 내용은 등록자에 의해 작성된 내용임을 밝힙니다.

제작자	: 극단가마골 [일반연극]
작품제목	:
작품장르	: 문화예술작품 > 공연예술작품 > 연극 > 정극
주요작품	:   

※ 작품 이미지를 클릭하시면 큰 이미지로 볼 수 있습니다

[그림 II-24] 부산문화재단 전자 아카이브 정극

'미술관', '기념관', '영상제작시설/자료관', '언론방송사', '청소년문화
시설', '지역문화복지관', '공원', '특화거리/골목', '대중예술공간', '복
합문화공간'으로 구분된다. '문화예술단체'는 '문학예술단체', '시각예
술단체', '영상예술단체', '공연예술단체', '전통예술단체', '인디예술
단체', '문화일반단체', '대학교/교육기관', '모임/회원', '공모/전람회'
로 구분된다. '문화예술인'은 '문학예술인', '시각예술인', '영상예술
인', '공연예술인', '인디예술가', '문화일반' 종사자, '전통예술인'으로
구분된다. '문화예술교육자료'는 각종 문화 예술 교육에 대한 정보를
제공하고 있다. '문화예술작품'은 '전통예술작품', '문학예술작품', '시
각예술작품', '공연예술작품', '영상예술작품', '인디예술작품', '문화
일반'으로 구분된다.

[그림 Ⅱ-25] 부산문화재단, 예술인 정보의 예시

　　연극 정보와 자료는 '공연예술'의 하위 범주에 속한다. '연극'은 '정극', '한국전통극', '무언극', '마임', '인형극', '음악극', '창작극', '실험극', '아동청소년극', '해양연극'으로 구분된다. 연극에 관한 정보와 자료의 양은 다음과 같다. 정극은 425건, 한국 전통극 2건, 인형극 2건, 창작극 54건, 실험극 2건 이다.

　　[그림 Ⅱ-24]는 부산문화재단 전자 아카이브의 '정극' 정보와 자료 제공 방식에 관한 것이다. 정극에 대한 정보는 '제작자', '작품제목', '작품장르', '주요작품' 등으로 구성되어 있다. '주요작품'은 제작자가 관여한 작품 자료이다. [그림 Ⅱ-25]는 전자 아카이브의 예술인에 관한 정보이다. 예술인 정보는 '이름', '생년월일', '출생지', '데뷔년도'와 '데뷔작품', '인물소개', '학력사항', '주요활동사항', '해당장르', '주요작품', '교육활동' 등이다.

　　[그림 Ⅱ-26]은 문화예술 활동 자료 정보를 제공하는 '기록자료실'에 대한 것이다. '기록자료실'에서 제공되는 자료의 메타데이터는 실물 자료에 관한 사항과 디지털 기록물에 관한 것으로 구분된다. 실물

기록자료실 :Archive

Home > 아카이브자료실 > 기록자료실

등록정보	등록자 : Adm in, 등록일 : 2012/02/01 10:02:56 (IP:211.202.176.20)
참조코드	19941214_ccy_101
제목	연정 춤모임 춤열림
기록물형태	일반문서류, 포스터
기록물이력	최찬열
기술내용요약	장소_ 부산문화회관 중강당
색인어, 인명	춤공연, 무용공연
인원	
비고	
원문서 생산일자	19941214
원문서 구성	1장370*525
원문서 번호	
전자기록 생산일자	20111218
전자기록 생산자명	부산문화재단, 아시아기록연구소
복본	0

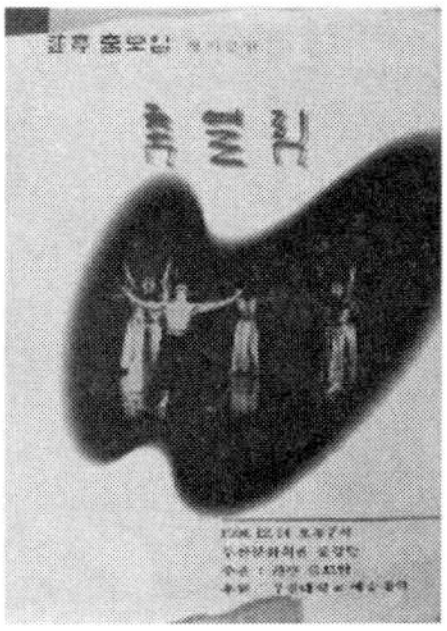

[그림 II-26] 부산문화재단, 기록자료실

자료에 관한 메타데이터는 ‘등록정보’, ‘참조코드’, ‘제목’, ‘기록물형태’, ‘기록물이력’, ‘기술내용요약’, ‘색인어/인명’, ‘비고’, ‘원문서 생산일자’, ‘원문서 구성’, ‘원문서 번호’로 구성되었다. 디지털 기록물에 관한 메타데이터는 ‘전자기록 생산일자’, ‘전자기록 생산자명’, ‘복본’이다.

부산문화재단 전자 아카이브는 지금까지 살펴본 디지털 아카이브와 달리 부산의 문화예술 활동에 관한 정보를 축적하고 있는 ‘기본DB’가 있어, 문화예술 정보 제공에 충실했다. 그러나 ‘기록자료실’에서 제공하고 있는 문화예술 자료와 ‘기본DB’의 정보와의 관련성을 파악할 수 없었다. 이미 축적되어 있는 자료와 정보의 관계를 밝혀줄 수 있는 방안이 필요함을 알 수 있었다.

5) 국립아시아문화전당 아시아문화 아카이브

아시아문화 아카이브24)는 국립아시아문화전당25)에서 운영하고 있는 아시아문화에 관한 디지털 아카이브이다. 해당 아카이브의 자료는 2015년 9월 국립아시아문화전당 개관 전시를 위해 수집되었던 예술 자료를 기반으로 한다.

아시아문화 아카이브의 연극 자료는 개관 전시 '아시아의 공연예술 -한국과 일본의 소극장 운동-'의 전시 자료이다.26) 이 전시는 1960~70년대 일본의 소극장 연극과 1970~80년대 한국의 소극장 운동에 관한 것이다. 전시 자료의 수집은 해당 시기 연극 활동을 했던 창작자나 연극학자에게 기증 받거나 대여하였다.27) 자료는 공연 프로그램, 포스터, 공연 사진, 보도자료, 자필 초고, 해외 창작자와의 서신, 교육 자료, 비평문, 기관 보고서, 연출 노트 등 다양한 유형으로 구성되었다.

[그림 Ⅱ-27]은 아시아문화 아카이브의 개인 컬렉션에 관한 것이다. 컬렉션은 '디지털아이템'과 '실물아이템'으로 구분되어 있다. 디지털아이템은 '이미지', '동영상', '음원', '문서'로 구분된다. 실물아이템은 '도서/간행물', '학위/학술논문', '공연/전시 인쇄물', '문서', '지도/도면', '필름/사진', '박물류', '테이프/LP', 'CD/DVD', '기타'로

---

24) 아시아문화 아카이브(http://archive.acc.go.kr, 2017.12.18.)

25) 국립아시아문화전당(https://www.acc.go.kr, 2017.12.18.)

26) 본 연구자는 2014년에서 2015년까지 해당 전시의 연구원으로 참여하여 1970~80년대 한국 소극장 운동에 관한 자료를 수집하고 이에 관한 메타데이터를 작성하였다.

27) 수집 자료는 극단 자유극장의 연출가 김정옥, 극작가 故박조열, 연극학자 故이두현, 극단 산울림의 대표이자 연출가인 임영웅이 소장하거나 관리하고 있었던 연극 자료이다.

[그림 Ⅱ-27] 국립아시아문화전당 아시아문화 아카이브 개인 컬렉션

구분된다.

컬렉션에 포함된 개별 아이템은 [그림 Ⅱ-28]과 같은 방식으로 제공된다. 아이템 정보는 '제목', '범위와 내용', '식별번호', '공공누리28)', 'CCL29)'이 제공된다.

---

28) 저작권 침해 걱정 없이 무료로 자유롭게 이용 가능한 공공저작물임을 안내하는 표시 기준이다.

[그림 II-28] 국립아시아문화전당 아시아문화 아카이브 컬렉션 아이템

　아시아문화 아카이브는 전시에 따라 수집된 자료를 제공하고 있기
때문에 타 아카이브에 비해 다양한 유형의 연극 자료를 제공하고 있
고, 자료 활용에 있어서도 적극적이었다. 그러나 창작자, 창작단체,
공연기간 및 장소, 공연 내용에 관한 메타데이터를 제공하고 있지 않
은 점이 아쉽다.

---

29) CCL(Creative Commons License)은 자신의 창작물에 대하여 일정한 조건 하에 다른
　사람의 자유로운 이용을 허락하는 내용의 자유 이용 라이센스이다. CCL(http://
　www.cckorea.org/xe/ccl, 2017.11.21.)

2. 연극 디지털 아카이브의 개선 과제

국내 연극 디지털 아카이브는 공공기관이나 민간 차원에서 수집한
예술 자료와 정보의 활용을 높이기 위해 운영되고 있었다.

[표 II-1] 국내 연극 디지털 아카이브 자료/정보 메타데이터

아카이브	구분	유형	메타데이터
예술자료원 - DA-Arts	정보	연극	공연장소, 공연날짜, 장르, 연출, 출연, 제작진, 행사명, 작성자, 공연설명, 출연진, 제작진, 자료(콘텐츠)
		예술단체	대표자 이름, 단체유형, 설립일, 극단 설명, 연혁, 수상내역, 홍보자료, 공연 정보
		예술인	이름, 출생, 작고, 본적, 활동 분야, 주요약력, 구술자료, 자료(콘텐츠)
	자료	이미지	작품명, 공연단체, 공연장소, 공연날짜, 장르, 연출, 행사명, 작성자
		동영상	동영상
		텍스트	PDF 파일
국립극장- 공연예술 디지털 아카이브	정보	연극 >일반연극	작품 제목, 연출, 수행기간, 수행단체, 수행장소, 분류유형, 관련자료, 출연, 스태프, 공연내용
	자료	이미지	작품 제목, 연출, 수행기간, 수행단체, 수행장소, 분류유형, 제작, 출연, 스태프, 내용
		복합	작품 제목, 연출, 수행기간, 수행단체, 수행장소, 분류유형, 제작, 출연, 스태프, 내용
남해탈공연 예술촌-스마트 박물관	자료	포스터	종류, 유물번호, 제작년도, 원작, 연출, 예술감독, 극본, 작곡, 기타참고자료
		팸플릿	국가명, 구분, 유물번호, 소분류, 제목, 연도, 단체, 연출자, 년대
		전단지	국가명, 구분, 유물번호, 소분류, 연도, 단체, 연출자, 년대
		대본	년도, 코드, 제목, 작가, 극본, 연출
		도서	저자, 출판사, 발행년도, 청구번호, 등록번호
부산문화재단	정보	연극	제작자, 작품제목, 작품장르, 주요작품

- 전자 아카이브		예술인	분류, 이름(한글/영문/한문), 생년월일, 인물소개, 학력사항, 주요활동사항, 해당장르, 주요작품, 교육활동
		단체	분류, 단체명(한글/영문/한문), 대표자명, 설립년도, 담당자, 회원수, 팩스번호, 홈페이지, 설립목적 및 단체소개, 주요활동사항, 해당장르, 주요작품, 교육활동
	자료	기록 자료실	등록정보, 참조코드, 제목, 기록물형태, 기록물이력, 기술내용요약, 색인어/인명, 인원, 비고, 원문서 생산일자, 원문서 구성, 우너문서 번호, 전자기록 생산일자, 전자기록 생산자명, 복본
국립아시아 문화전당- 아시아문화 아카이브	자료	아이템	제목, 범위와 내용, 식별번호, 공공누리, CCL

[표 Ⅱ-1]은 국내 연극 디지털 아카이브의 자료 및 정보 제공 방식에 대한 것이다. 국내 연극 디지털 아카이브는 자료와 정보를 제공하는 곳과 자료만 제공하는 곳으로 구분될 수 있다. 각각의 디지털 아카이브는 메타데이터를 통해 자료에 관한 상세 정보를 제공하고 있었다. 또한 예술자료원 DA-Arts와 부산문화재단 전자 아카이브의 경우 창작자와 창작 단체가 예술 자료를 직접 등록할 수 있어 최근에 생산된 자료와 정보까지 축적되어 있었다.

연극은 다수의 창작자들이 관여하는 만큼 다양한 영역에서 자료가 생산된다. 때문에 체계적인 관리와 수집이 어렵고, 동일한 연극에 관한 자료와 정보가 기관과 개인, 단체에 분산되어 있는 경우가 많았다. 이러한 상황은 지금까지 살펴본 연극 디지털 아카이브에서도 동일하게 적용되었다.

[그림 Ⅱ-29]처럼 연극 창작 단체 정보는 DA-Arts에 있고 관련 자료는 스마트 박물관에 있는 경우를 볼 수 있었다. 이러한 문제점을 개

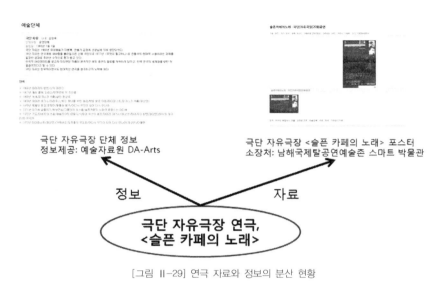

극단 자유극장 단체 정보
정보제공: 예술자료원 DA-Arts

극단 자유극장 <슬픈 카페의 노래> 포스터
소장처: 남해국제탈공연예술촌 스마트 박물관

정보   자료

극단 자유극장 연극,
<슬픈 카페의 노래>

[그림 II-29] 연극 자료와 정보의 분산 현황

선하기 위해 개별 디지털 아카이브에 방대한 양으로 축적되어 있는 자료와 정보의 연계를 지향하는 새로운 디지털 아카이브 모델이 필요함을 알 수 있었다. 더 나아가 연극 정보와 자료의 범위를 행정 및 제도에 관한 자료와 정보로 확대할 필요가 있었다. 예를 들어 영상자료원의 한국영화데이터베이스[30]는 작품과 인명 정보, 소장 자료, 기사·평론 정보와 함께 영화 심의서류를 축적해 놓았다. 심의서류는 영화

---

30) 영상자료원, 한국영화데이터베이스의 소장자료 데이터베이스에는 필름/D시네마, 비디오, 동영상, 이미지, 시나리오, 논문, 단행본, OST 정보와 소장하고 있는 영화 심의 서류 목록을 축적해 놓았다. 작품DB의 기본 정보는 상세크레디트, 이미지, 동영상, 수상정보/리스트, 관련글/기사, 관객참여, KOFA상영정보이며, 작품에 관한 소장 자료 정보 역시 제공된다. 인명 데이터베이스 역시 상세한 정보를 제공하고 있다. 본명, 한자명/영문명, 출생년도, 사망, 대표분야, 활동년대의 기본 정보를 제공하고 있다. 그 외 필모그래피, 이미지, 동영상, 수상정보, 함께 작업한 영화인 등의 소장정보를 제공하고 있다. 영상자료원, 한국영화데이터베이스(http://www.kmdb.or.kr, 2017.11.21.)

[그림 II-30] 영상자료원, 한국영화데이터베이스

에 있어 특정 시기의 제도와 사회적 규범의 실체를 들여다볼 수 있는 자료이다. 이러한 자료는 영화의 사회적 맥락을 검토하는 데 매우 유용하다. 연극 디지털 아카이브 역시 창작자와 창작 단체 외에 창작에 관여한 외부의 영향력을 증명할 수 있는 자료와 정보를 포함할 필요가 있었다. 따라서 미래의 디지털 아카이브는 개별 디지털 아카이브에 흩어져 있는 연극 자료와 정보의 관련성을 밝혀주고, 폭 넓은 연극 자료와 정보를 포함할 수 있어야 한다.

본 연구는 국내 연극 디지털 아카이브의 개선 방안이자 연극 디지털 아카이브의 새로운 모델로써 1970년대 소극장 시맨틱 아카이브 구축 방법과 활용 방안을 제시하고자 한다. 1970년대 소극장 시맨틱 아카이브 구축의 본격적인 연구는 1970년대 소극장 연극에 대한 검토와 1975년 에저또창고극장과 1976년에서 1979년까지 삼일로창고극장을 선행 검토하는 것에서 출발한다. 연극사 검토는 1970년대 소극장 연극에 관한 적절한 연극 자료와 정보 및 추가로 조사·수집해야 하는 자료와 정보를 파악하고, 디지털 아카이브 내부에 연극사 연구의 맥락을 전달하기 위한 목적으로 수행되었다.

제3장

1970년대 소극장 연극

1. 1970년대 소극장과 연극

소극장은 200-300석 이하의 작은 공연장으로 무대와 객석이 가까워 독특한 현장감을 만들어 내는 공간이다. 소극장은 특유의 현장감을 기반으로 관객에게 보다 감각적으로 다가갈 수 있는 공간이며, 기존 연극 형식과 다른 새로운 연극 형식과 내용을 탐구하고자 하는 젊은 연극인들의 연극 실험 공간으로 활용되어 왔다.

세계 최초의 소극장은 앙드레 앙투완(Andre Antoine)[1]이 1887년에 세운 떼아뜨르 리브르이다. 이 극장은 서구 연극계에 만연하였던 대극장 중심의 연극 양식을 거부하고, 새로운 연극 형식과 내용을 실험하기 위한 의도로 마련되었다. 떼아뜨르 리브르에서 출발한 소극장은 소극장 운동의 형태로 전 유럽에 확산되었다. 예를 들어 독일의 오토 브람(Otto Brahm)이 베를린에 창설한 자유무대(1889)와 J.T 그라인이 런던에 세운 독립극장(1891), 스타니슬랍스키가 세운 모스크바 예술극

---

1) 프랑스의 연출가, 극장 운영자, 비평가. 현대적 의미의 연출의 개념을 정립하였다. 타성에 젖은 당시 기성 극계를 비판하고, 자연주의 이념을 연극에 도입하기 위해 1887년 떼아뜨르 리브르를 개관하였다. 그는 "고전주의와 낭만주의 그리고 부르주아 드라마에서 물려 받은 추상적이거나 이국적이고, 화석화된 형태의 규범적 연극"에 대해 반대하며 떼아뜨르 리브르를 통해 새로운 연극 양식을 실험하였다. 이선화, 「앙드레 앙우안과 소극장 운동」, 『공연과 리뷰』, 제81호, 현대미학사, 13~22쪽.

장(1898), 아일랜드 더블린의 애비극장(1899) 등으로 이어졌다.[2]

소극장 운동은 1900년대 초반 신극의 도입과 함께 국내에 소개되었다. 그러나 1960년대 후반까지는 극단 전용의 소극장을 갖지 못한 관계로 개념적인 선언에 그치고 말았다.[3]

국내 연극계에 소극장 연극이 본격적으로 전개된 것은 1969년 극단 자유극장의 멤버인 이병복이 세운 카페 떼아뜨르와 극단 에저또의 소극장, 1973년 극단 실험극장 전용 소극장이 등장하면서부터이다.

한편 서구의 소극장 연극은 기성 연극에 대한 반발에서 시작된 것에 반해 국내 연극계에는 기성 연극계라고 할 만한 것이 없었다. 서구 연극계는 기성 연극을 위한 극장(대극장)이 존재했고 이를 관람하는 관객층이 형성되어 있었다. 소극장 연극의 목적은 대극장 연극에 반하는 새로운 연극 형식을 발견하고 이에 호응하는 새로운 관객을 발굴하는 것에 있었다. 그러나 국내 소극장 연극은 서구 소극장 연극처럼 기성 연극계에 대한 반발에서 출발했다기보다 공연장 부족 문제를 해결하고 이 땅에 연극 문화를 정착시키려는 목적에 따라 진행된 것이었다.

1960년대까지의 연극 활동은 국립극장과 드라마센터의 전속 극단의 작품 활동과 소수의 극단에서 창작하는 작품에 한정되어 있었다.[4]

---

2) 김기란, 「청년/대항문화의 위상학적 공간으로서의 70년대 소극장운동 고찰」, 『대중서사연구』, 제22권, 제3호, 2016.8, 171~214쪽.

3) 차범석, 유민영은 소극장 운동의 시작을 1930년대 극예술연구회로 보고 있다. 이들은 당시 인기 있던 동양극장 류의 신파극에 반대하고, 연극을 통해 민족 계몽을 운동을 하려는 목적이 있었다. 이후 1950년대의 제작극회 역시 대중극에 반대하고, 국내 신극의 정착과 학문으로서의 연극 연구, 연극 실험을 강조한다. 그러나 이들은 연극을 발표할 수 있는 극장이 매우 제한적이었고 동시에 직업 연극인이 아니었기 때문에 지속적으로 소극장 운동을 유지할 수 없었다.

4) 정호순, 앞의 책, 68쪽.

관객 역시 매우 한정적이었으며 신극 역시 정착되었다고 볼 수 있는 환경이 아니었다. 소극장 연극은 가장 근본적인 연극 환경을 조성하기 위해 시도되었는데, 신극에 대한 탐구와 정착, 관객 확보, 연극의 대중화를 목적으로 하였다.

연극의 대중화 운동은 1950년대 동인제 극단의 연극 활동을 반성하면서 시작된 것이다. 1950년대 연극의 창작과 감상은 소수의 엘리트 계층에서 이루어졌고, 1950년대 동인제 극단들은 대중과 상관없는 자신들만의 연극 실험을 하였고 관객에게 외면당했다.5) 이에 대해 여석기는 관객 없는 연극 창조의 무의미함을 이야기하며 다양한 관객층을 형성해야 함을 주장하였다.

> 관객 없는 연극 창조는 무의미하다. 그리고 올바른 관객층을 성립시키고 그들의 비판과 감상에 견디어 갈만한 수준이 되어야 비로소 한국연극도 성년에 도달할 것이다. 한편 관객 측 특히 그 잠재원을 이루고 있는 인테리 층까지 포함한 대중은 연극을 문화의 일환으로서 이해하고 애호해 줄만한 아량을 길러주는 것이 아쉽다. 신파니 딴따라니 하는 시대는 이미 지나갔다.6)

1960년대 등장한 동인제 극단들의 문제의식은 관객이 외면하는 연극은 동시대성을 표현하지 않는 것이며, 시대와 호흡하지 않는 연극

---

5) 이에 대해 정진수는 1950-60년대의 연극은 소수 엘리트 그룹이 우리나라에 서구연극을 도비해야겠다는 사명감을 가지고 연극 예술이란 것이 무엇인지조차 모르는 일반 대중을 상대로 연극을 하였으며, 우리의 연극은 항상 무지한 관객 대중을 계몽한다는 태도로 행해져 왔다고 밝힌다. 또한 지금 우리가 하고 있는 연극의 내용과 형식 모두는 우리의 관객이 결정한 것이 아니라 연극인들 자신이 결정해 놓은 것이라고 서술하고 있다. 정진수, 앞의 논문, 104쪽.

6) 여석기, 「62년 상반기의 극단의 좌절된 꿈의 실현과 기대」, 《동아일보》, 1972년 7월 5일자.

은 예술이 아니라는 것에서 출발한다. 이들은 관객의 범위를 소수의
엘리트에서 일반 대중으로 확장하였으며 관객들과 직접적으로 소통할
수 있는 연극 개발에 힘쓴다. 1960년대에 시작된 실험극장, 민중극장,
산하, 가교, 광장, 여인극장 등은 극장에서 벗어나 카페, 호텔, 이동버
스 등에서 공연하며 관객을 직접 찾아가는 형태의 공연을 하며 연극
대중화에 앞장섰다.[7]

동시에 1960년대에 이르러 국내 연극계는 조직적으로 움직이기 시
작했다. 1962년 문공부 주도하에 한국예술문화단체총연합회가 발족
된 것을 시작으로 1963년 한국예술문화단체총연합회의 산하 단체로
한국연극협회가 결성되었다.[8]

한국연극협회는 축전 개최와 연극상을 주도하며 연극계의 부흥을
이끌었다. 1964년 셰익스피어 400주년 기념 축전은 국내 연극인들의
큰 관심 속에서 운영되었고 이듬해 1965년 동아 연극상이 제정되었
다. 같은 해 한국일보사가 주최하는 한국연극영화상(백상예술상)이 제
정되었다. 1966년 극단협의회가 발족되었는데, 극단 산하, 여인극장,
동인극장, 민중극장, 자유극장, 광장 등이 포함되었다. 극단협의회는
1968년 제1회 연극인 대회와 신연극 60주년 기념합동공연[9]을 주도하
며 국내 연극의 활성화를 꾀했다.

그러나 극장 부족 문제는 여전히 해결되지 않았다. 1960년대 극장
은 국립극장과 드라마센터 단 두 곳[10]뿐이었으며 대관료 역시 영세한

---

7) 정호순, 앞의 책, 83쪽.
8) 이승희, 앞의 책, 73쪽.
9) 신연극 60주년 기념합동공연 제목은 '그래도 막은 오른다(차범석 구성)'이다. 극의
   구성은 1부 육혈포강도(박성구 작), 2부 아리랑고개(박승희 작), 3부 토막(유치진 작),
   4부 검사와 여선생(김춘광 작)이다. 한국예술문화단체 총연합회, 『예총 30년사』, 한국
   예술문화단체총연합회, 1988, 147쪽.

극단에게는 부담스러운 금액이었다.[11] 게다가 국립극장 전속 극단조차 재정난 때문에 자주 공연할 수 없는 상황에 놓여 있었다.

그 결과 1960년대 극단들은 지속적인 연극 활동을 위해 소극장을 개관하기에 이른다. 1969년 극단 자유극장 단원 이병복이 개관한 카페 겸 극장인 '카페 떼아뜨르'와 극단 에저또 전용 소극장이 등장하였다.[12]

이렇게 시작된 1970년대 소극장 연극은 서구의 부조리극, 현대극, 실험극, 창작극을 공연하는 공간이 되었다. 번역극의 경우 서구의 새로운 극작가들의 작품을 소개하는 것에 주력했다. 극단들은 소극장 규모를 감안하여 출연자가 적게 나오고 제작비 역시 저렴한 단막극을 선호했다. 역시 재정적인 이유로 연기와 연출, 제작까지 배우한 명이 모두 감당하는 모노드라마가 자주 공연되었다.[13] 이러한 소극장 연극의 비상업성에 매력을 느낀 많은 젊은이들이 소극장을 찾았다.[14]

1970년대 소극장 연극의 대표작은 극단 실험극장의 〈에쿠우스〉와 삼일로창고극장의 〈빨간 피터의 고백〉이다. 〈에쿠우스〉는 영국에서 말의 눈을 쇠꼬챙이로 찌른 소년의 실화를 바탕으로 하는 작품인데,

---

10) 소극장 원각사가 1958년 개관하였으나 1960년 화재로 소실되었다.

11) 드라마센터의 대관료는 1969년 기준 회당 4만원이다. 이는 같은 해 국립극장이 1만 오천 원인 것에 비해 두 배 이상 높은 가격이다. 「드라마센터 대관료」, 《동아일보》, 1969년 8월 30일자.

12) 정호순, 앞의 책, 64쪽.

13) 오태석 작 일인극 〈롤러스테이크를 타는 오뚝이〉는 카페 떼아뜨르에서 1969년 초연 이후 인기에 힘입어 자주 공연되었다. 이 작품 이후 소극장의 모노드라마 열풍이 시작되었다. 1970년대 소극장 연극의 최고 흥행작이자 대표작으로 평가 받는 〈빨간 피터의 고백〉역시 모노드라마이다.

14) 「성황 이루는 소극장」, 《경향신문》, 1974년 3월 16일자.

실험극장에서 〈에쿠우스〉가 공연될 당시 밀착된 공간에서 보여주는 치열한 연기를 통해 관객들에게 소극장 연극의 특성을 각인시킨 작품으로 평가되고 있다.15) 〈빨간 피터의 고백〉 역시 오랜 시간 무대 연기로 숙련된 배우 추송웅이 연출과 각색을 담당하며 야심차게 준비한 작품이다. 약 1만 명 이상의 관객을 동원하며 1970년대 소극장 연극을 대표하는 작품이 되었다.

1970년대 흥행극을 포함한 대부분의 소극장 연극이 번역극이라는 점은 주목할 만하다. 이것은 1970년대의 공연대본이 한국공연윤리위원회의 대본심의와 문화공보부의 대본심사와 같은 사전 심의를 통과해야만 공연할 수 있었던 상황과 밀접한 관련이 있다. 극단의 입장에서는 이미 해외에서 인정받은 번역극을 선택할 경우 극적 수준에 대한 반론을 잠재울 수 있었고, 배경이나 인물이 국내 사정과 다르기 때문에 대본 검열을 피할 수 있었다. 그러나 관객에게 크게 호응을 얻었던 번역극에는 부조리극16)이 상당수 포함된다는 것도 흥미로운 사실이다. 독재 권력의 공포와 불안 및 성숙기를 거치지 못한 채 돌입한 산업사회에서의 불안과 상실감에 시달리던 한국의 관객들은 부조리극에 나타난 광기, 불안, 소회, 방향감각의 상실과 같은 주제에 공감하였다.17)

그러나 1970년대 후반, 정치적인 상황이 암울해질수록 닐 사이먼이나 몰리에르, 머레이 쉬즈걸과 같은 코미디 작가들의 작품이 자주 공

---

15) 「보람 75 (6) 최장기 공연극 에쿠우스의 주연 강태기씨」, 《동아일보》, 1975년 12월 19일자.

16) 현대문명을 살아가는 인간의 존재와 삶의 문제들이 무질서하고 부조리하다는 것을 소재로 삼은 연극 사조. 실존주의와 초현실주의 사상을 배경으로 제2차 세계대전 뒤 프랑스를 중심으로 일어났다. 시사상식사전 네이버지식백과(http://terms.naver.com/entry.nhn?docId=68672&cid=43667&categoryId=43667, 2017.11.21.)

17) 신현숙, 『프랑스 연극, 한국에서의 서양 연극』, 소화, 1999, 288쪽.

연되었다. 이승희는 연극이 현실의 상황과 점점 멀어지며 관객들에게
가볍고 유쾌한 시간을 소비할 수 있는 문화 상품을 제공했던 당시의
연극적 상황을 언급하고 있다.[18] 그 결과 1970년대 후반의 소극장 연
극은 대중의 입맛에 맞는 레퍼토리를 선정하거나 흥행작을 재공연하
면서 반기성적이고 의식적인 연극 실험과는 멀어지게 되었다고 평가
된다.[19]

2. 에저또창고극장(1975)

에저또창고극장은 극단 에저또의 전용극장으로 출발했다. 극단 에
저또의 네 번째 소극장으로 1975년 5월에서 12월까지 약 7개월간 운
영되었다.[20] 이 극장은 원래 가정집이던 것을 단원들이 직접 공사에
참여하여 극장으로 개조한 곳이다.[21] 극장의 형태는 무대와 객석의

---

18) 이승희, 앞의 논문, 185-191쪽.
19) 이근삼 역시 소극장의 번역극 위주의 공연이 창작극을 위한 자양분 역할을 담당했다
기 보다 서구의 새로운 작가와 작품을 소개하는 계몽적인 역할만을 했다는 평가를 내
리고 있다. 이근삼, 「소극장운동의 허과 실」, 《한국연극》, 1976년 1월호, 32~33쪽.
20) 극단 에저또의 첫 번째 소극장은 1969년 5월 15일 을지로 3가 10번지 4층짜리 건물
3층에 위치한 10평 남짓한 공간에 무대 공간은 2.5평 정도의 아주 소규모 극장이었다.
이 극장은 극단 전용 소극장으로서는 국내 최초의 민간 소극장이다. 같은 해 4월에
개관한 카페 떼아뜨르는 극단 자유극장의 이병복에 의해 세워졌으나, 자유극장의 전용
소극장이라곤 할 수 없다. 에저또의 첫 번째 극장은 10개월간 운영되다가 운영난으로
문을 닫게 된다. 두 번째 극장은 1972년 3월 을지로 입구의 국민은행 맞은편 낡은 목조
건물 2층에 위치했다. 20여평 공간에 80석을 갖춘 극장으로, 첫 번째보다는 넓었지만
오래된 목조 건물의 특성상 계단이 무너지거나, 관객이 찰 때면 흔들리는 등 열악한
공간이었다. 이 극장 역시 1년 간 운영되다가 도로 확장 계획으로 건물이 철거 대상이
되며 문을 닫는다. 세 번째는 1973년 4월 종로 2가 두꺼비 별장 2층이다. 후원회의
도움으로 전세로 문을 열게 되었는데, 이 역시 1년 정도 밖에 유지할 수 없었다. 김윤
정, 앞의 논문, 98~130쪽.
21) 극단 대표 방태수는 극장 공사에 관해 다음과 같이 회고 하고 있다. "창고극장은 원래

구분이 없는 아레나 무대였다. 아레나 무대는 국내에서 처음으로 시도되는 극장 형태로 에저또가 추구하는 연극 방식과 직접적인 관계를 맺고 있었다.

극단 에저또는 1969년 5월 창단 공연을 시작으로 본격적인 연극 활동을 펼쳐나갔다. 극단 에저또는 연출가 방태수와 그가 연극 공부를 시작한 드라마센터 연극 아카데미 출신 동기들, 방태수의 출신 학교인 건국대학교 극회 출신들로 구성되었다. 극단의 명칭인 에저또는 "자유롭게 말할 수 없는 사회적 상황에서 더듬거리듯 발언하기 위한 간투사 '에... 저... 또...'라는 의미"로 붙여졌다고 한다.[22] 이들은 배우의 신체표현을 중시하는 판토마임 전문 극단으로 출발하였고 기존 사실주의 드라마에 대한 반발과 연극성에 대한 새로운 발견을 목적으로 하였다. 극단 에저또의 연극적 이상은 전위극과 실험극, 아방가르드극, 환경극[23]으로 실천되었다.

극단 에저또는 첫 번째 소극장 개관 공연으로 판토마임이 중심인 〈판토마임〉을 공연하고, 같은 해 여성회관 앞에서 〈속속속 돌아가는 태양의 끝에 대롱대는 지난 아픔들의 이야기〉라는 가두극을 시도한

가정집이어서 천장이 낮았다. 극장으로 만들기 위해서는 높이가 필요했다. 경제적으로 여유가 있었다면 쉽게 할 수 있었겠지만, 극단원들이 모여 다 같이 곡괭이로 땅을 팠다. 바닥은 모래가 딱딱하게 굳은 바위였다. 아무리 파도 안 파였다. 한 달 동안 깎으면 1층 정도 깎였다. 그래서 1m를 파 내려가는 데 많은 시간을 들였다. 그리고 거기에 무대를 만들었다. 무대 양옆에 이층 객석도 만들고 싶었지만, 경제적인 문제로 이층 객석은 만들지 못하고 오픈했다. 삼일로창고극장, 『삼일로창고극장 자료집 1975-2015』, 삼일로창고극장, 2015.11, 207쪽.

22) 「뿔박이를 꿈꾸는 떠돌이-극단 에저또와 소극장」, 《한국연극》, 1986년 8월호, 31쪽.
23) 리차드 쉐크너(RichardSchechner, 1934~)가 주장한 개념이다. 배우와 관객이 동일한 환경 속에서 상호작용하며 일어나는 사건들에 집중한다. 쉐크너는 무대와 객석의 분리 형식을 부정하고 퍼포먼스 공간 속에서 관객이 수동적 감상자가 아닌 협력자, 공동 창조자로서 능동적 참여를 지향한다. 이애현, 「공연예술로서의 굿」, 『한국무용연구』, 제 26호, 제2권, 2008, 174쪽.

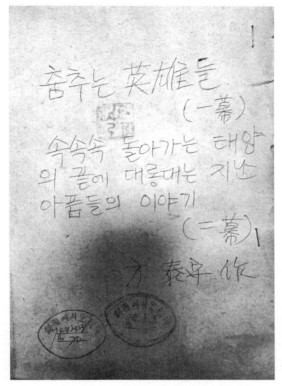

[그림 Ⅲ-1] 〈속속속 돌아가는 태양의 끝에 대롱대는 지난
아픔들의 이야기〉 공연대본 – 소장 방태수

다. 이 연극은 공중 화장실과 학교 화장실의 낙서들을 모아 만든 것으
로 당시 억압적인 정권에 대한 사람들의 불만과 성에 관한 자유로운
표현이 주된 내용이다. 이 작품은 각 장마다 각기 다른 주제와 내용을
전달했다. 극 중간에 아크로바틱이 나오며 각기 다른 에피소드로 연
결되는 작품이었다.

　첫 번째 소극장의 마지막 공연 〈이 연극의 제목은 없읍니다(1969)〉
는 국내 소극장에서 행해진 최초의 해프닝[24] 극이다. 이 연극은 제목

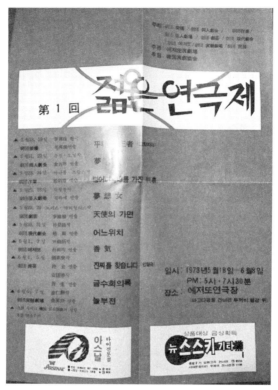

[그림 Ⅲ-2] 제1회 젊은 연극제 포스터 - 소장 방태수

처럼 배우들이 아무것도 하지 않고 무대에서 어떤 일도 일어나지 않는
작품이었다. 작품의 시작도 없고 끝도 없기 때문에 관객들이 모두 퇴
장했을 때 비로소 끝나는 작품이었다. 이후 에저또 세 번째 전용 소극

---

24) 해프닝(happening)은 현대 예술 분야에서 볼 수 있는 시도로서, 예기치 않았던 불의
    의 '우연히 생긴 일'이나 극이 일상적인 현상을 이상하게 느껴지도록 처리함으로써 야
    기되는 예술체험을 중시한다. 해프닝, 두산백과(https://www.doopedia.co.kr/doo
    pedia/master/master.do?_method=view&MAS_IDX=101013000716353,
    2017.11.21.)

장인 종로 2가 소극장에서는 1973년 5월 '제 1회 젊은 연극제'가 개최
되었다.25)

제 1회 젊은 연극제에는 극단 에저또를 중심으로 당시 활동하던 가
교, 동인극회, 작업 등의 극단이 참여하였다. 같은 해 극단 소식과 연
극 정보를 담는『연극 수첩』을 발간하고, 소극장을 기반으로 판토마
임 및 극작, 연출, 배우 훈련 등 다양한 워크숍을 개최하였다. 또한
극단 에저또는 국내 최초로 싸이코드라마를 시도했다. 방태수는 이화
여자대학교 정신과 병동에서 진행된 싸이코드라마 워크숍에 참여해
시어머니와의 갈등으로 신경쇠약에 걸린 며느리를 치료하기 위한 목
적의 연극 〈무늬〉를 공연하기도 했다.26)

극단 에저또의 네 번째 전용 극장인 에저또창고극장에서는 극장 공
간의 특색을 최대한 활용하는 환경극과 전위극이 공연되었다. 1975년
7월에서 8월까지 공연된 〈뱀〉은 다수의 배우에 의해 표현되는 움직임
중심의 전위극이었다. 아레나 무대를 가득 채운 배우들의 에너지와
제의적인 성격은 "타성적 리얼리즘 연극에 식상한 관객들에게 새로운
연극의 가능성"과 같은 우호적인 평가와 함께 "분노와 생의 추함만 노
출시켰다"는 상반된 평가를 받았다.27) 이 작품은 흥행 면에서도 좋은
성적을 거둔 것으로 기록되고 있다. 그러나 흥행작을 연장 공연하던

25) 방태수는 '젊은 연극제'라는 명칭을 사용한 것은 지금까지 근거 없이 사용되어 온
"소극장 연극", "소극장 운동"을 "젊은 연극"으로 통칭하기 위해서라고 밝히고 있다.
또한 젊은 연극이 전문 연극을 지향하며 극단 에저또의 소극장이 젊은 연극장으로 운영되
고자 '젊은 연극제'를 개최한 것이라는 의도를 밝히고 있다. 김윤정, 앞의 논문, 123쪽.
26) 1973년 9월 이화여대 의대 신경정신과 병동 소극장에서 국내 최초의 싸이코 드라마
〈무늬〉가 무대에 오른다. 이후 삼일로창고극장를 인수한 백병원 정신과 의사 유석진은
싸이코드라마에 대한 관심으로 1975년 극단 에저또 연극 워크숍에 참여한 인물이다.
「연극으로 정신병치료 싸이코드라마 등장」,《동아일보》, 1973년 9월 17일자.
27) 「극단 에저또 〈뱀〉공연이 보여준 소극장 운동」,《조선일보》, 1975년 8월 15일자.

[그림 III-3] 〈뱀〉 공연사진 – 소장 방태수

당시의 관례와 달리 〈뱀〉은 단 1회 연장 공연을 끝으로 더 이상 공연되지 않았다. 극단 에저또는 〈뱀〉을 끝내고 난 뒤 3개월 6개월 코스로 연극 워크숍을 실시했다. 이 워크숍에는 훗날 삼일로창고극장 운영에 관여하는 원로 연극인 이원경이 강사로 참여하였고, 삼일로창고극장을 인수하게 되는 백병원 정신과 유석진 의사 역시 참여하였다.

극단 에저또의 네 번째 전용극장 에저또창고극장은 같은 해 12월까지만 운영되었다. 마지막 공연으로 윤조병 작 〈잔네비는 돌아오는가〉를 선보였다. 이 작품은 바닥에서 천장까지 연결되는 구조물을 설치해 배우들이 구조물을 타고 오르내리며 잔네비(원숭이)를 형상화 한 작품이었다. 극단 에저또 단원이었던 마임이스트 유진규는 "극장 안에 아시바로 구조물을 만들어 놓고 관객들은 아래에서 보고, 배우들은 올라갔다 내려가기도 하며 극을 이끌어 나갔다. 또한 극장 바닥 지

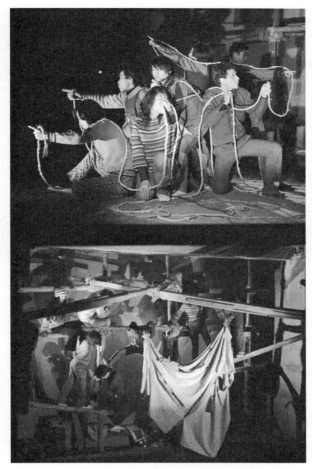

[그림 III-4] 〈잔네비는 돌아오는가〉의 연습 사진 – 소장 방태수

하를 파 놓아서 지하 공간과 수많은 통로와 공중을 활용해서 전체를
공연장으로 활용했다. 배우들은 아시바를 타면서 곡예를 했다"고 당
시 공연 내용에 관해 상세히 언급하고 있다.[28] 1975년 12월 〈잔네비

28) 삼일로창고극장, 위의 책, 209쪽.

[그림 III-5] 「영레디」, 1981년 10월호에 실린 삼일로창고극장 내부 사진 – 소장 이동민

는 돌아오는가〉를 마지막으로 에저또창고극장은 문을 닫았다.

　극단 에저또는 전용 소극장을 중심으로 사실주의극의 재현적 연극
과 거리가 먼 작품 활동을 전개해 나갔다. 동시에 연극하는 장소에 대
한 고정관념을 탈피하고 소극장 연극의 개념을 새롭게 정의하고자 하
는 등 1970년대 소극장 연극의 다양한 맥락을 전달하고 있다.

3. 삼일로창고극장(1976-1979)

　1975년 12월 에저또창고극장이 재정 문제로 폐관하자, 백병원 정신
과 의사 유석진은 극장 건물을 인수하고 원로 연극인 이원경에게 운영
을 맡긴다.[29] 극장을 인수한 유석진은 평소 청소년 문제에 관심이 많
아 삼일로창고극장을 청소년 선도의 공간이자 연극 연구소이며 싸이

코드라마를 실험하는 공간으로 운영되길 희망했다.

유석진의 지원 아래 삼일로창고극장은 극장 시설 정비에 들어갔다. 삼일로창고극장은 아레나 무대를 그대로 유지한 채 무대 벽에 벤치형 좌석을 설치했다.

이원경은 극단 창고극장을 창단하고 운영 방식으로 PD시스템을 도입했다. PD시스템은 앞서 설명한 대로 단원들이 극단 운영과 연극 창작을 겸하면서 생기는 문제점을 극복하기 위해 채택된 제작 방식이었다. 운영과 창작이 구분되지 않는 제작 방식은 연극에 대한 공통된 이상을 추구하는 동인제 극단의 특징이기도 했다. 동인제 극단 체제는 연극 창작에만 집중할 수 없었기 때문에 연극의 질적 수준 향상에 걸림돌이 되었다. 또한 극단 멤버들이 늘 동일한 사람들과 동일한 조건 속에서 공연하며 매너리즘에 빠질 수 있었다. 따라서 작품마다 해당 작품에 적당한 창작자와의 계약을 통해 공연을 창작하는 PD시스템은 창작과 운영을 분리하는 새로운 방식이었다.

PD시스템은 신진 창작자들에게 공연 기회를 줄 수 있는 방법이기도 했다. 1970년대 공연법은 공연자등록증을 발급받은 경우에만 전문 공연자의 자격을 부여했다. 그러나 공연자등록 신청 자격은 한국연극협회 회원에게만 한정되었다. 협회의 회원은 학력과 공연 경험에 따라 정회원과 준회원으로 구분됐다. 협회의 기준은 연극 경험이 없는 신진 창작자들이 갖출 수 없는 것이었다. PD시스템은 공연법 규정을 지키면서 신진 창작자들에게 공연의 기회를 줄 수 있는 방법이었다. 공연자등록증이 있는 극단은 매 공연마다 출연시켜야 하는 전속 단원의 비율이 있었는데, 1975년 공연의 경우 공연법시행령(대통령령 제

---

29) 「폐문위기의 창고극장 되살린 유석진 박사」, 《동아일보》, 1976년 4월 20일자.

6115호)에 따라 1/3 수준, 1977년 2월 1일부터 1979년까지의 공연은 공연법시행령(대통령령 제8428호)에 따라 1/5 수준이었다. 즉, 전속출연자에 관한 비율을 충족시키기만 하면 극단이 외부 인력과 계약하는 것에는 아무런 문제가 없었다. 이에 따라 극단 창고극장의 경우 1976년에서 1979년까지 공연된 극단 창고극장의 공연 63편 중 38개 작품이 극단 창고극장의 PD시스템에 의해 공연된 것이었다.[30]

삼일로창고극장은 PD시스템을 적용해 창작자가 공연에 전념할 수 있는 환경을 만들었다. 개관부터 연중무휴 공연을 선언하였고 1976년에서 1979년까지 연간 20회 이상의 공연 실적을 올렸다.[31]

이처럼 1970년대 국내 연극은 소극장 중심으로 전개되면서 공연 횟수가 이전과는 비교도 안 될 정도로 증가하였다. 공연 횟수의 증가는 연극 수준 향상에 기여하였고, 그 결과 1960년대부터 시작된 연극 대중화 운동이 결실을 맺을 수 있었다.

한편 연극계는 영화를 상영하는 극장과 연극을 전문으로 하는 공연장을 구분해줄 것을 지속적으로 건의 해왔다. 1977년 공연법시행규칙 제 29조를 통해 '연극을 전문으로 하는 공연장'이 새롭게 구분 정의된다.

제29조 (연극을 전문으로 하는 공연장) 연극을 전문으로 하는 공연장의 시설에 관하여는 제8조 내지 제10조, 제12조 내지 제22조, 제25조 및 제26조의 규정을 준용한다. 다만, 제17조를 준용함에 있어서는 "바닥면적의 20

---

30) 창고극장은 PD시스템을 적용한 작품의 경우 PD시스템으로 제작된 작품이라는 사실을 보도 자료나 공연 자료를 통해 공개했다. 그러나 타 극단의 경우 PD시스템 적용을 공개적으로 밝히고 있지는 않다.
31) 삼일로창고극장은 개관부터 연중무휴 연극 활동을 선언하였다. 연평균 20회 이상 공연은 극단 창고극장 정기공연 외에 대관 공연까지를 포함한 수치이다.

분의 1이상"을 "바다면적의 30분의 1이상"으로 한다.32)

공연법에서 규정하는 소극장의 기준에 따라 삼일로창고극장은 서울시에 정식 공연장 허가를 신청한다. 그러나 서울시는 삼일로창고극장이 건축법 시행령 159조의 대지 면적의 최소한도 기준33)과 소방법 기준을 갖추지 못했다는 이유로 정식 공연장으로 인정하지 않았다. 뿐만 아니라 삼일로창고극장의 좌석이 일반 극장용 좌석이 아니라는 것과 분장실, 복도, 화장실과 같은 시설이 없다는 이유 역시 정식 소극장 허가를 받을 수 없는 조건으로 작용했다. 그러나 서울시는 삼일로창고극장의 아레나 무대를 소극장으로 인정할 수 있는 가에 대한 기준 조차 없었다. 그 당시 연극 공연장에 대한 제도·사회적 인식은 프로시니엄 무대로 한정되어 있었기 때문이다.34) 결국 삼일로창고극장은 1977년 7월 폐관 위기에 봉착한다. 그러나 소극장을 지켜야 한다는 연극인들의 건의와 서울시의 배려로 일 년 간의 유예 기간을 갖게 되되었다. 하지만 일 년 뒤 소극장 허가 기한 만료로 또 다시 폐관 위기를 경험하나 또 다시 유보된다.35)

삼일로창고극장이 폐관 위기를 겪은 1977년은 역설적이게도 1970년대 소극장 연극의 대표작으로 인정받는 〈빨간 피터의 고백〉이 공연된 해이기도 하다. 〈빨간 피터의 고백〉은 배우 추송웅이 연출과 출연,

---

32) 제29조 연극을 전문으로 하는 공연장, 국가법령정보센터(http://www.law.go.kr/ lsInfoP.do?lsiSeq=37370&ancYd=19770218&ancNo=00057&efYd=19770218&nwJo YnInfo=N&efGubun=Y&chrClsCd=010202#AJAX, 2017.11.21.)

33) 제159조 대지 면적의 최소한도, 국가법령정보센터(http://www.law.go.kr/ lsInfoP.do?lsiSeq=8240&ancYd=19760415&ancNo=08090&efYd=19760415&nwJo YnInfo=N&efGubun=Y&chrClsCd=010202#J159:0, 2017.12.18.)

34) 「연극 전문 소극장 존폐위기」, 《일간스포츠》, 1977년 6월 9일자.

35) 「폐관 유보 조치로 기사회생한 소극장」, 《경향신문》, 1978년 7월 4일자.

추송웅 모노드라마(No. 1)

프란츠·카프카 / 作 · 崔英日 / 譯 · 秋松雄 / 演出
빨 일 간 피 이 터 의 고 白
(原題 - 어느 學術院에 제출된 報告 : Ein Bericht für eine Akademie)

1977. 8月20日→9月20日 낮 4:30 / 밤 7:30 三一路창고劇場

[그림 Ⅲ-6] 1977년 8월 20일-9월 20일 〈빨간 피터의 고백〉 프로그램 - 소장 정대경

제작을 담당했고, 공연 수준에서도 높은 평가를 받았다.[36] 또한 여대
생 일색이었던 연극 관객층을 중장년층으로 확대했으며[37], 소극장 연
극을 일반 사람들에게 각인시킨 작품으로 평가 받고 있다.[38]

---

36) 최인호, 「데뷔 15년기념 〈빨간피터의 고백〉에서 원숭이로 분장 연극중흥의 불길을
태우는 천의 얼굴 추송웅」, 《경향신문》, 1977년 8월 27일자.

37) 유민영, 앞의 책, 384쪽.

38) 이에 대해 최인호는 "연극을 구경하는 행위는 마치 연극에 직접 참여하는 듯한 환상을
불러일으키게 되며 그래서 자신이 현재 아카데믹한 현장에 같이 배우로 참여하고 있다
는 착각을 불러일으키는 것이다. 이리하여 지적 열망을 갈구하는 젊은이들은 최면에

1970년대 에저또/삼일로창고극장의 연극사적 의의는 무엇보다 두
극장의 공연 스타일이 확연히 달랐다는 것에 있다. 지금까지 살펴보
았듯이 삼일로창고극장의 작품 성향은 1975년 에저또창고극장 시절
과 다르다. 삼일로창고극장은 PD시스템을 통해 연극 창작자들이 연
극할 수 있는 환경을 마련하고 다양한 창작극과 번역극을 소개에 주력
하며 연극의 질적 성장과 대중화를 이룬 공간이다. 반면 1975년 에저
또창고극장은 극단 에저또의 전용 소극장으로 개관하여 환경극과 전
위극을 실험하는 공간이었다. 에저또창고극장과 삼일로창고극장의
차이는 연극의 흥행에 관한 극단 에저또의 방태수와 추송웅의 입장을
통해 더욱 명확히 드러난다. 방태수는 1975년 〈뱀〉의 흥행에 관해서
다음과 같은 의견을 피력하고 있다.

　　소극장 연극이라는 것이 상업주의 연극에 대치되는 개념이지, 그것이
　상업적인 방법과 병합할 수는 없지 않겠는가, 하는 문제, 그리고 소극장
　연극이라는 것은 어떤 운동으로서의 제시로서 끝나는 것이지, 그것이 계
　속 상업적인 방법으로 지속되어서는 안된다.[39]

　실제로 〈뱀〉은 단 1회의 연장 공연으로 끝나고 만다. 1977년 최대
흥행작이자 1970년대 소극장 연극을 대표하는 〈빨간 피터의 고백〉의
추송웅은 다음과 같이 밝히고 있다.

　　최인호: 당신은 〈빠담빠담〉이라는 연극에 직접 참여하였고 이 작품이 요
　즘 그 대중성, 혹은 예술성을 망각한 흥행공연이라고 찬반양론이 있었던

걸리듯 무대로 모여든다."라고 서술하고 있다. 「천의 얼굴을 가진 추송웅」, 《경향신
문》, 1977년 8월 27일자.
39) 「연출가 방태수와 극단 에저또」, 《공간》, 1987년 4월호. 34쪽~36쪽.

것으로 안다. 당신의 의견은 어떠한가?

추송웅: 그 싸움은 별로 의미 없는 싸움이다. 나는 그 작품 공연의 목적이 흥행을 목표로 하고 새로운 관객을 확보하려는 의도를 분명히 했던 작품이라 알고 있다. 때문에 나는 참여했으며 앞으로 제의가 온다면 또 공연할 것이다. 연극은 아마추어리즘에 만족해서는 안된다. 연극은 마땅히 좋은 의미의 프로가 되어야 할 것이다.[40)]

방태수에게 소극장 연극은 상업적인 것과 거리가 먼 '운동'으로서의 연극이다. 추송웅에게는 대중과 호흡할 수 있는 전문적 기술을 갖춘 연극이다. 이처럼 에저또창고극장과 삼일로창고극장은 1970년대의 소극장 운동의 이념과 연극의 대중화를 동시에 보여주는 공간이라는 연극사적 의의를 갖는다.

삼일로창고극장은 새로운 외국 희곡과 창작극을 국내에 소개했고 이를 잘 훈련된 연기술, 무대기술 등으로 표현하는 것에 집중하며 연극 수준 향상에 공헌한 1970년대 대표적인 소극장이다. 삼일로창고극장은 1976년에서 1979년까지 총 공연 횟수 113회를 달성했다. 창작극 34회, 번역극 77회, 판소리 공연을 2회 진행하였다.

---

40) 「천의 얼굴을 가진 추송웅」, 《경향신문》, 1977년 8월 27일자.

제4장

1970년대 에저또/삼일로창고극장
공연 기록물 수집·정리

1. 공연 기록물 수집 방법

1970년대 소극장 데이터 수집은 2015년 서울시 미래유산 민간단체 공모사업으로 진행된 '삼일로창고극장 공연기록 아카이빙 사업'의 자료집 『삼일로창고극장 자료집 1975-2015』에 기초하였다.[1)

에저또창고극장과 삼일로창고극장은 운영진이 지속적으로 바뀌어 왔다. 삼일로창고극장은 1990년대 후반 인쇄소 및 김치공장이었던 적도 있다. 그렇기 때문에 극장 내부에서 지속적으로 공연 자료를 소장하고 관리할 수 있는 상황이 아니었다.[2) 삼일로창고극장 공연 자료 수집은 '삼일로창고극장 공연기록 아카이빙 사업'과 같은 기획에 따라 수행될 수밖에 없었다.[3)

---

1) 본 연구자는 이 사업의 책임연구원으로 참여하여 1975년-2015년까지의 에저또·삼일로창고극장에 관한 공연 자료를 수집하고, 디지털 이미지화하였다. 또한 창작자들의 인터뷰를 진행하여 1975년에서 1990년대까지의 삼일로창고극장의 공연 활동에 관한 현장 정보를 수집할 수 있었다.

2) 이러한 상황은 삼일로창고극장에만 한정되는 것이 아니다. 1985년 개관하여 지금까지 유지되고 있는 산울림소극장과 1987년 개관한 연우 소극장을 제외하고 대부분 비슷한 상황이라 추측해도 무방하다.

3) 특정 극장을 중심으로 아카이빙이 시도된 경우는 국립현대무용단의 공간 사랑 아카이빙 사업(2014년)과 삼일로창고극장 공연 기록 사업(2015년)이 있다. 전자는 공간 사랑

서울시 미래문화유산
삼일로 창고극장 아카이브

삼
일
로
창
고
극
장   자
      료
      집

1975 - 2015

원본사진: 이보티 / 삼일로 창고극장1 / 본체, 색체 / 53x45.5cm / 2007

[그림 IV-1] 서울시미래문화유산 『삼일로창고극장 자료집 1975-2015』

이 사업으로 1975년에서 2015년까지 삼일로창고극장 공연에 참여했던 창작자들이 소장하고 있는 공연 자료를 디지털 이미지로 보존하고 이들의 경험을 인터뷰로 기록하였다.

자료집에는 1975년에서 2015년까지의 공연 279편 중 130편에 해당하는 공연 자료와 창작자 7명의 인터뷰가 수록되어 있다. 인터뷰 대상자는 극단 에저또의 대표이자 에저또전용소극장을 운영한 연출 방태수, 배우 이재희[4], 1975년 뱀의 연출가 김종찬[5], 마임이스트 유진

의 공연 자료를 수집·전시하고, 아카이브 기반 공연 창작을 통해 예술 아카이브가 창작에 활용될 수 있음을 보여주었다. 전시와 아카이브 기반 창작은 책으로도 출판되었다. 또한 한국문화예술위원회의 예술자료원에서 1950-70년대 동인제 극단의 자료 기증 사업을 진행했고, 2017년 9월 현재에는 소극장 '공간 사랑'의 자료 수집 사업을 하고 있다. 국립현대무용단, 『결정적 순간들』, 국립현대무용단, 2015.

4) 극단 창고극장의 여배우. 삼일로창고극장 운영자였던 이원경과의 인연으로 연극계에

규6), 1970년대 삼일로창고극장의 여성 연출 박은희7), 로열씨어터 윤
여성과 류근혜8)이다. 인터뷰는 1975년에서 1990년대에 이르는 에저
또 · 삼일로창고극장의 상황9)과 해당 공간의 연극사적 의의10)를 창작
자의 경험을 통해 구술했다는 점에서 의미가 있다. 자료의 유형은 포
스터, 프로그램, 리플렛, 티켓, 스크랩북, 보도자료 공연사진 등이다.
사업을 통해 정리된 공연 연보에 따르면 1975년 에저또창고극장과 삼
일로창고극장의 1976~79년까지의 공연 횟수는 113회이고, 자료가 남
아 있는 공연은 59편이다. 공연 프로그램이 35건, 리플렛 3건, 공연
사진 40건, 포스터 2건, 메모 1건, 기사 스크랩 11건, 우대건 및 티켓
1건이다. 이를 디지털 이미지로 촬영했을 때의 분량은 299건이다.

입문하였다. 이원경의 화술아카데미 출신. 1980년 삼일로창고극장의 공연 〈누가 버지
니아 울프를 두려워하랴〉의 주인공 역으로 제 2회 삼일로창고극장상 수상.
5) 언론인, 前 평민사 대표.
6) 1세대 마임이스트, 전 춘천마임페스티벌 예술감독.
7) 2015년 인터뷰 당시 인천시립극단의 예술감독. 교육연극학자.
8) 윤여성은 로얄씨어터 대표이자 배우이며, 삼일로창고극장 대표(1986년-1990년)였
다. 류근혜는 로얄시터어의 연출가이다.
9) 방태수는 인터뷰를 통해 1975년 5월 에저또 전용 소극장의 공사에 대한 에피소드를
들려주고 있다. 가정집을 극장으로 개조할 돈이 없었기 때문에 단원들과 직접 공사를
했다고 한다. 공간의 높이가 가정집보다는 높아야 했기 때문에 바닥을 파내려 갔는데,
모래가 딱딱하게 굳은 바위라 한달을 파 내려가도 1cm정도 깎였다고 한다. 또한 이재
희는 삼일로창고극장은 냉난방이 시설이 없었기 때문에한 겨울에는 극장 안에 커다란
난로를 갖다 놓았다고 한다. 이재희가 극단 창고극장의 수습단원으로 있던 시절 가장
중요한 일과 중 하나는 공연 도중 난로를 꺼트리지 않는 것이었다고 한다. 삼일로창고
극장, 앞의 책, 207~210쪽.
10) 마임이스트 유진규는 에저또전용소극장이었던 1975년 삼일로창고극장의 연극적 실
험이 이후의 삼일로창고극장에서는 지속되지 않았다고 평가한다. 실제로 1975년 연극
뱀은 배우의 신체와 부조리한 세계를 비사실주의 방법으로 구현하였고, 그해 12월에
공연된 연극 잔나비는 돌아오는가는 배우들이 아시바에 매달려 공연 하는 등 환경 연
극적 요소가 강하였다. 삼일로창고극장, 앞의 책, 209쪽.

2. 공연 데이터

공연의 사전적 의미는 음악, 무용, 연극 등을 사람들 앞에서 선보이는 일이다.[11] 공연은 공연이 행해지는 공간, 공연 시간, 공연을 수행하는 창작자와 이를 관람하는 관객들로 구성된다. 공연의 내용은 창작자와 관객의 상호작용 속에서 완성되며, 해당 공연을 영상을 활용해 충실하게 기록할 수는 있어도 공연 자체를 남길 수는 없다. 그러므로 지나간 공연의 맥락은 공연에서 생산된 기록물과 공연을 기록하고 있는 자료를 통해서 파악해야 한다.

공연 데이터는 공연 프로그램, 리플렛, 포스터, 티켓 등에는 공연이 이루어진 공간, 시간, 창작자와 같은 공연에 관한 정보이다. 그리고 공연에 관한 보도기사, 비평, 연구 등은 해당 공연의 예술적 사회·문화적 의미를 파악할 수 있는 자료이므로 공연 데이터에 포함하였다. 또한 1970년대 공연대본 심의와 심사에 관한 자료 역시 공연 데이터에 포함하였다. 그리고 프로그램, 리플렛, 티켓, 포스터, 티켓과 같은 실물 자료 역시 공연 데이터로 정리하였다.

[그림 Ⅳ-2]는 1975년 5월 28일에서 7월 11일까지 진행되었던 〈에저또소극장 신축 개관 기념공연〉의 공연 프로그램이다. 7개의 극단이 10개의 작품을 공연한 정보는 [그림 Ⅳ-2]처럼 자료에 제시된 내용을 바탕으로 정리하였다. 즉 에저또소극장(밑줄 2.는 장소 데이터)에서의 5월 28일에서 7월 11일(1.은 날짜 데이터)까지의 공연이 〈에저또소극장 신축 개관 기념공연(3.은 공연 데이터)〉으로 행해졌다. 해당 이미지 역시 〈에저또소극장 신축 개관 기념공연〉의 기록물 데이터로

---

11) 공연, 국립국어원(https://krdict.korean.go.kr/dicSearch/SearchView?ParaWord
No=62459, 2017.7.13.)

[그림 Ⅳ-2] 1975년 에저또소극장 신축개관기념공연 프로그램 – 소장 방태수

정리 되었다.

[그림 Ⅳ-3]에는 〈에저또소극장 신축개관공연〉의 프로그램이자 첫 번째 작품인 〈새타니〉의 공연 정보를 수록하고 있는 페이지이다. 1.은 장르 데이터, 2.는 출연진과 스텝의 역할과 인명 데이터, 3.은 공연 일정 데이터, 4.는 이 공연의 주최(페스티벌) 성격을 알려주는 데이터, 5.는 공연명 데이터이다.

[그림 Ⅳ-4]는 극단 에저또 대표 방태수가 보관하고 있는 〈에저또 소극장 신축개관기념공연〉 관객 수를 기록한 메모의 디지털 사본이다. 1.은 극단 자유극장(극단명 데이터), 〈색시공〉(공연명 데이터), 620

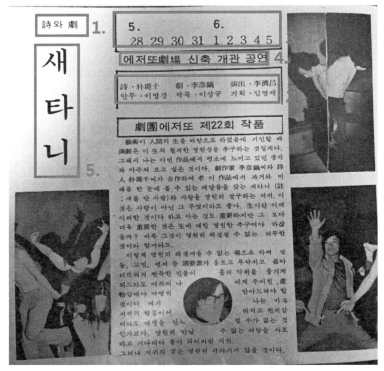

[그림 Ⅳ-3] 1975년 〈새타니〉의 공연 데이터를 확인할 수 있는 프로그램 – 소장 방태수

명(관객수 데이터)이 기록되어 있다. 2.는 에저또(극단명 데이터), 〈뱀〉(공연명 데이터), 7월 25일, 9월 1일(공연시작일 데이터), 1220명, 1910명(관객수 데이터)가 기록되어 있다. 〈뱀〉을 보도했던 1975년 12월 10일 조선일보 「문화계 75: 연극:소극장 운동 활발했다」 기사에는 〈뱀〉의 관객수를 3500명으로 기록했는데, 방태수의 메모에는 3130명인 점이 흥미롭다.

[그림 Ⅳ-5]는 1977년 11월–12월간 공연된 〈빨간 피터의 고백〉 프로그램에서 스폰서 데이터(톰보이스토아)를 확인할 수 있는 자료이다.

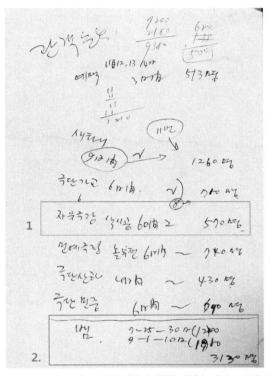

[그림 Ⅳ-4] 1975년 에저또소극장 개관기념공연 관객수 메모 - 소장 방태수

1970년대 소극장 연극은 국가의 지원 없이 민간에서 운영되었고, 연극은 때때로 기업 및 단체의 후원을 받았다.[12]

　　대본심의에 관한 데이터는 한국공연윤리위원회의 월간《공연윤리》를 통해 확인했다. 《공연윤리》는 대본심의 일정과 심의 결과, 수정 방향 등을 표를 통해 제시하고 있었다. 그러나 1978년 10월호부터는 심

---

12) 1970년-80년대 대기업들은 문화예술협찬 예산을 따로 가지고 있었다고 한다. 1978년 극단 연우무대의 데뷔작인 김광림 작, 〈아침에는 늘 혼자예요〉의 공연에서는 OB로부터 약 10만원을 협찬 받았다고 한다. 김광림. (2017년8월 24일). 정주영 개인인터뷰.

[그림 IV-5] 1977년 11월-12월 〈빨간 피터의 고백〉 스폰서

의 통계만 제공되었다.

한국문화예술위원회 예술자료원에서 소장하고 있는 공연 대본은 한국공연윤리위원회의 심의를 거친 대본으로 파악된다.[13] 공연 대본에 표현된 등장인물 데이터 수집은 예술자료원에서 소장하고 있는 공연대본 19편과 프로그램 19개에 수록되어 있는 등장인물 정보에서 참고하였다. 연극은 같은 대본이라 하더라도 연출 의도와 표현 방식에 따라 등장인물의 변화가 생길 수 있기 때문에 실제 공연 대본의 등장인물 데이터만 수집하였다. 등장인물의 신체적 특징, 사회적 특징과 같은 등장인물 유형 정보 역시 심의와 심사를 거친 대본에서 서술된

---

13) 한국문화예술위원회, 『문예진흥원 32년사』, 2008, 217쪽.

그대로이다.

[표 Ⅳ-1]은 등장인물 수집 사항에 관한 것이다. 프로그램 19개에서 등장인물 데이터를 수집하였고, 공연대본 13개에서 등장인물 데이터와 등장인물 유형 정보를 수집하였다. 총 33개의 공연에서 161명의 등장인물 데이터가 수집되었다.

[표 Ⅳ-1] 공연 등장인물 데이터 수집 대상

공연	자료 유형	수량	소장처
백색의 거짓말쟁이들, 우리속에 갇힌 조련사, 영원한 디올라, 여우, 오로라를 위하여, 참으세요 엄마, 셔츠, 카스파, 바다풍경, 고요한 밤 외로운 밤, 동물원 이야기, 결혼소동, 우리들의 저승	공연대본	13	한국문화예술위원회 예술자료원
보스맨과 레나, 사형수가 남긴 한 마디, 색시공, 연자방아간 우화, 영양 쥬리에, 우리들의 광대, 의자들, 질투심 많은 무희, 친구 미망인의 남편, 풍경, 둘이 서서 한 발로, 따뜻한 손길이 내 손에 닿을 때, 레드 카네이션	프로그램	13	『삼일로창고극장 자료집 1975-2015』
마음의 심층, 옛날 옛적에 훠어이 훠이, 이상한 부부, 더치맨, 스트립-티스, 아르쉬트룩 대왕	공연대본 / 프로그램	6	한국문화예술위원회 예술자료원, 『삼일로창고극장 자료집 1975-2015』

공연 보도처에 관한 데이터 수집은 1970년대 극단 창고극장과 삼일로창고극장의 대표 故이원경의 자녀가 소장하고 있는 극단 창고극장 보도처에 관한 자료에서 수집하였다.

[그림 Ⅳ-6] 상단의 1.은 보도처, 2.는 부서, 3.은 연락처, 4.는 기자명이고 하단의 5.는 주소이다. 보도처에 대한 데이터는 51건을 수집하였다. 공연 예매처 데이터는 〈김성구의 고도를 기다리며〉 리플렛에

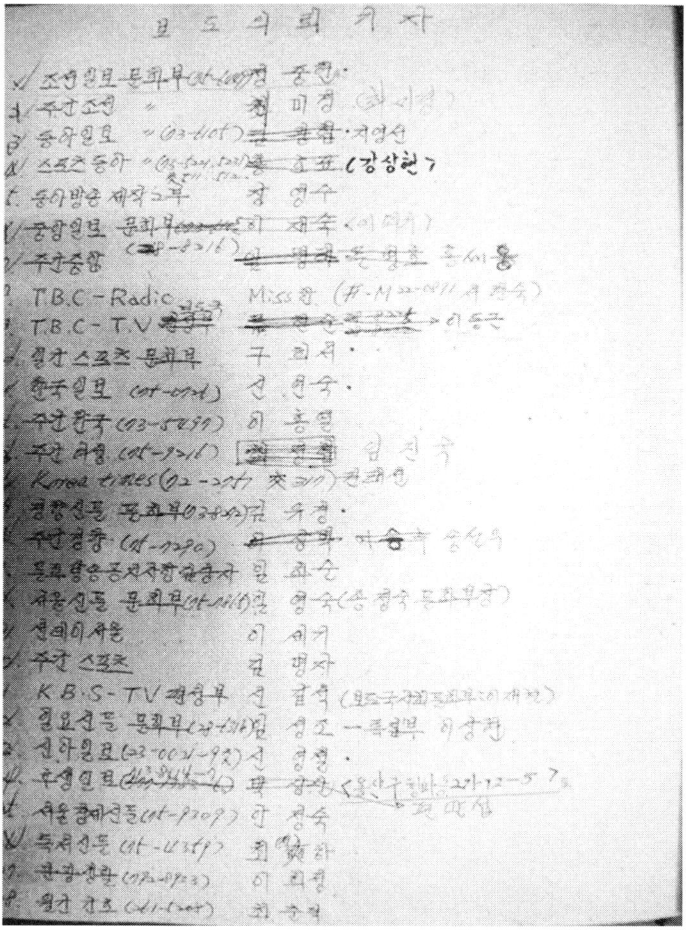
보도의뢰기자

조선일보 문화부 정중헌
주간조선 최미경
동아일보 지영선
스포츠동아 (강상헌)
동아방송 제작1부 정영수
중앙일보 문화부 이재숙
주간중앙
T.B.C-Radio Miss 한
T.B.C-T.V 이동근
일간스포츠 문화부 구희서
한국일보 신현숙
주간한국 이흥렬
주간여성 김진숙
Korea times
경향신문 문화부 김유경
주간경향
서울신문 문화부
선데이서울 이세기
주간스포츠 김명자
K.B.S-TV
일요신문 문화부
신아일보

[그림 Ⅳ-6] 삼일로창고극장 보도의뢰기자 문서 – 소장 이동민

기록된 것을 수집하였다. 해당 리플렛은 다른 자료들과 달리 예매처 정보를 포함하고 있었다. 필하모니, 삼익 악기사, 종로서적, 반달표직 매장, 카페 빠리 등이 예매처로 기록되어 있었다. 예매처 정보는 1970 년대 소극장 연극의 관극 경험을 추적할 수 있는 정보로 활용될 수 있

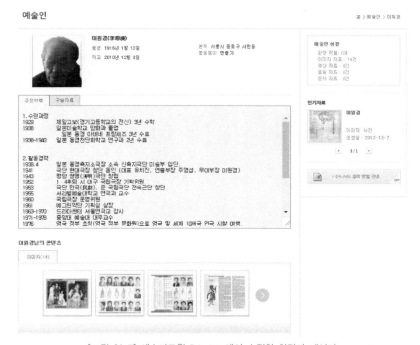

[그림 Ⅳ-7] 예술자료원 DA-Arts에서 수집한 창작자 데이터

기에 이를 데이터로 정리하였다.

본고의 시맨틱 아카이브는 기존 데이터베이스와 개인에게 분산되어 있는 연극 자료와 정보의 연결을 중시하고 있다. 따라서 기존 데이터베이스에 축적되어 있는 연극 정보와 자료 역시 정리하였다.

공연 보도 자료 데이터는 네이버 뉴스 라이브러리[14]에 축적된 보도 자료에서 수집하였다. 네이버 뉴스 라이브러리는 1920년부터 1999년에 이르는 《동아일보》, 《매일경제》, 《경향신문》 보도 자료를 축적하

---

14) 네이버 뉴스 라이브러리(http://newslibrary.naver.com/search/searchByDate.nhn, 2017.11.21.)

고 있다. 창작자와 창작단체 데이터는 공연 프로그램과 보도 자료에서 수집하였고, 기존 연극 디지털 아카이브에서도 수집되었다. 예술자료원 DA-Arts는 1975-1979년 에저또/삼일로창고극장 창작자와 창작단체에 관한 정보가 있다. DA-Arts의 창작자 정보는 "출생", "본적", "작고", "활동분야", "주요약력", "구술자료"와 DA-Arts에 축적된 관련 자료 정보로 구성되었다. 이와 같이 기존 디지털 아카이브의 정보를 활용해 동일한 정보를 반복해서 수집하거나 정리하는 수고를 덜수 있다. 무엇보다 기존 디지털 아카이브의 정보는 1970년대 소극장시맨틱 아카이브 구축을 위해 수집된 데이터와의 관계 속에서 보다 풍부한 의미를 제공하는 데 기여한다.

[표 IV-2] 전체 공연 데이터

공연 데이터	항목	수량	출처 및 소장처
공연	공연제목/시작일/종료일/작가/연출/극단/페스티벌/장르	112	『삼일로창고극장 자료집 1975-2015』
공연_대본	작품제목/유형/소장/작가/번역/극단/공연년도	30	예술자료원
공연_창작자	인명/역할/배역/공연제목/극단/시작일/종료일	447	『삼일로창고극장 자료집 1975-2015』, 예술자료원 DA-Arts, 네이버 뉴스 라이브러리
공연_스폰서	스폰서명/광고/관련공연	84	『삼일로창고극장 자료집 1975-2015』
공연_단체	단체명/작품	22	『삼일로창고극장 자료집 1975-2015』, 한국민족문화대백과사전
공연_대본심의	공연대본명/심의날짜/심의용 줄거리극단/심의기관/결과/내용	30	《공연윤리》

공연_대본신고	공연대본명/신고날짜/합격번호/공연자성명/공연자의공연상의 명칭/합격증발부일	2	방태수
공연_등장인물	등장인물/나이/신체적특징/사회적특징/극적특징/배역/작품/시작일/종료일/극단/출처	161	예술자료원
공연_디지털자원	공연명/파일명/유형/소장처	301	『삼일로창고극장 자료집 1975-2015』
공연_관객수	공연명/관객수/극단/출처정보	8	『삼일로창고극장 자료집 1975-2015』
공연_기사	기사명/웹주소/날짜/유형/발표매체	266	네이버 뉴스 라이브러리
공연_예매처	예매처/공연명	23	『삼일로창고극장 자료집 1975-2015』
공연_보도의뢰	보도처/기자명/부서/직함/연락처/주소	51	이동민
공연_비평	비평제목/출처/출판사/발표년도/쪽수/저자/공연명	2	《공간》,《여성동아》
합계		1509건	

3. 작품 데이터

연극은 다양한 요소들이 모여 이루어지는 종합 예술이다. 희곡, 배우의 연기술, 연출 방법, 무용, 무대 의상과 소품, 무대 세트, 음악, 조명과 같은 개별 요소들은 연극과 상관없이 이미 완성된 하나의 작품이기도 하다. 작품 데이터는 연극에 포함된 개별 작품들에 관한 자료를 수집하고 이를 데이터로 정리한 것이다. 동시에 작품에 관한 연구 문헌, 비평 자료를 수집하고 이를 데이터로 정리하였다.

그러나 1970년대 소극장 연극 자료 중 의상 및 소품, 음악, 영상, 사진과 같은 기록물이 거의 남아 있지 않았기 때문에 작품 데이터의 대부분은 희곡에 관한 데이터 정리로 한정될 수밖에 없었다.

[표 Ⅳ-3]은 희곡 〈잔네비는 돌아오는가〉에 대한 수집된 정보를 정리한 것이다.

[표 Ⅳ-3] 〈잔네비는 돌아오는가〉 작품 데이터 예시

작품	잔네비는 돌아오는가
다른제목	딸꾹질
원제	
영문제목	
장르	창작극
창작년도	1973년
언어	한국어
작가	윤조병
발표매체	현대문학
발표년도	1973년
초연날짜	1973년 10월 10일
초연단체	현대극회
초연장소	신문회관 강당

[표 Ⅳ-4] 작품 〈놀부뎐〉의 연구 데이터 예시

작품	종류	저자	발행	발행년도	작품	출처
놀부의현대적의미: "놀부뎐"의 사회학적 접근	학술논문	김치홍	국어국문학 No.82	1980	놀부뎐	한국학술정보원
최인훈의 "춘향뎐" "놀부뎐" 연구	국내석사	한채화	청주대학교	1994	놀부뎐	〃
『흥보전』의 현대적 계승	국내	정현주	고려대학교	1996	놀부뎐	〃

에 관한 고찰 :『태평천하』와 『놀부뎐』을 중심으로	석사					
최인훈 소설의 기호학적 분석 :「춘향뎐」,「놀부뎐」,「옹고집뎐」을 중심으로	국내 석사	연남경	이화여자대학교 대학원	2000	놀부뎐	〃
최인훈 패러디 소설 연구 : 〈놀부뎐〉, 〈구운몽〉의 대화주의적 특성 고찰	학술 논문	차봉준	숭실어문, Vol.17-	2001	놀부뎐	〃
패러디 소설의 수용미학적 고찰 – 최인훈의 〈옹고집뎐〉 〈놀부뎐〉을 중심으로 –	학술 논문	임선숙	국문학논집 Vol.19, 단국대학교 국어국문학과	2003	놀부뎐	〃
최인훈의 패러디 소설 연구 = (A) Study of parodied novels by Choi In-hoon	국내 석사	조보민	한국교원대학교 교육대학원	2004	놀부뎐	〃
〈흥부전〉의 현대적 수용	학술 논문	권순긍	판소리연구 Vol.29	2010	놀부뎐	〃
『흥부전』의 교수 학습 방안 연구 : -「흥보씨」·「놀부뎐」을 중심으로	국내 석사	이재호	강원대학교 교육대학원	2012	놀부뎐	〃
후기·식민지에서 소설의 운명	학술 논문	장성규	한국근대문학연구 No.31	2015	놀부뎐	〃

[표 Ⅳ-5]는 작품 연구에 관한 데이터이다. 작품 연구 데이터는 한국학술정보원(KERIS) 데이터베이스[15]에서 수집되었다.

작품 데이터에 포함되는 공연대본은 1970년대 삼일로창고극장에서 공연된 연극의 대본 외에 다른 극단에서 공연되거나 출판된 대본들을 포함한다. 이러한 대본들은 본래의 희곡에서 파생된 기록물이기 때문에 수집 대상에 포함하였다. 작품에 데이터에 해당하는 공연 대본 데

---

15) 한국학술정보원(http://www.riss.kr/index.do, 2017.11.21.)

이터는 예술자료원 소장 자료 데이터베이스에서 수집하였다.

[표 IV-5] 작품의 공연 대본 데이터 예시

작품	유형	작가	번역	극단	년도	공연	소장처
건축가와 아리씨 황제	공연대본	페르난도 아라발	김미라	원각사	1977	건축가와 아리씨 황제	예술자료원
건축가와 아리씨 황제	공연대본	페르난도 아라발	박준근	신선극장	1985	건축가와 아리씨 황제	예술자료원
건축가와 아리씨 황제	공연대본	페르난도 아라발				건축가와 아리씨 황제	예술자료원
놀부뎐	공연대본	최인훈				놀부뎐	예술자료원
놀부뎐	공연대본	최인훈		순천여고		놀부뎐	예술자료원

[표 IV-6] 전체 작품 데이터

데이터	항목	수량	출처
작품	작품명/다른제목/원제/영문제목/창작년도/언어/작가/발표매체/발표년도/초연공간/초연날짜/초연단체	93	한국민족문화대백과사전, 한국학술정보원, 위키백과
작품_작가	작가명/본명/필명/영문/한자/생년/몰년/국적/작품명/데뷔작/데뷔장르/데뷔년도/데뷔작 발표매체/작가소속단체	83	한국민족문화대백과사전, 한국극작과협회, 위키백과
작품_연구문헌	연구명/유형/소장/저자/번역/발행/쪽수/발행년도/작품명	783	한국학술정보원
작품_기록물	제목/유형/소장/작가/번역/발행/발행년도/작품명	965	한국학술정보원
작품_공연대본	작품명/유형/소장/작가명/번역/공연극단/공연년도/공연명	96	예술자료원
작품_원작	작품명/원작명/작가명	6	
작품_장르	작품명/장르	18	
합계			2044

4. 개념/용어/사건 데이터

개념/용어의 데이터는 1970년대 삼일로창고극장에서 일어났던 사건들과 공연 활동에 적용된 예술적 개념들에 관한 데이터이다. 앞서 살펴본 'PD시스템'은 1970년대 소극장 연극의 맥락을 파악할 수 있는 핵심적인 개념이다. 그리고 전위극이나 마임과 같은 연극 용어와 등장인물의 신체적 사회적 특징을 나타내는 유형 정보 및 '삼일로창고극장 폐관 위기'와 같은 사건 역시 1970년대 소극장 연극을 이해하는 데 중요한 개념과 사건이다.

본 연구의 시맨틱 아카이브는 이러한 개념/용어와 사건까지 아카이빙하여 연극사적 맥락을 전달하는 의미의 아카이브를 지향한다. 그러므로 1970년대 소극장 연극과 1975년 에저또창고극장 및 1976~1979년 삼일로창고극장에 대한 연극사 연구를 수행하였고, 이 연구에 따라 1970년대 소극장과 관련 있는 연극 개념과 사건을 개념/용어/사건 데이터로 정리하였다.

[표 Ⅳ-7] 개념/용어/사건 데이터 예시

개념/용어/사건	시작일	종료일	설명
에저또창고극장 폐관	1975.12.31	1975.12.31	
PD시스템	1976.4.18		젊은 창작자들의 연극 경험을 보장하고, 창작과 극장 경영을 분리하는 시스템
삼일로창고극장 폐관 위기	1977.7	1978.7	건축법시행령159조에위배.개정공연법에따라공연장설치불가 삼일로창고극장연구,정대경,254쪽
공연법 제정	1961.12.30		공연법 제정
창작극시리즈	1977.7.15	1977.8.7	신작 창작극 공연
공연자등록	1961.12.30		전문적인 공연활동을 위해 문화공보

			부 및 등록청에 공연자등록을 해야함
대본심사_결혼소동			문화공보부의 대본심사
공연신고_출구없는 방 (1977.1.6-1977.1.19)			공연 지역의 관할청에서 하는 공연 신고
대본심의_고양이 쥬리는 어디로 갔을까요	1977.4.26		한국공연윤리위원회의 대본심의
공연자등록_배우극장	1974.12.26		문화공보부에 신고함
중매쟁이			중매를 담당하는 인물
· · ·			
전체 합계	462건		

제5장

1970년대 공연법 관련 자료 조사 · 분석

1970년대 소극장 연극의 내용과 형식은 1961년 제정되어 1970년대 말까지 총 20번 개정된 공연법과의 관계 속에서 진행되었다. 따라서 1970년대 소극장 시맨틱 아카이브는 공연법과 공연법 실행 절차에서 파생된 자료를 수집하고 이를 시맨틱 아카이브에 반영할 필요가 있다. 이를 위해 공연법을 검토하고 공연법 자료를 수집 · 정리하였으며 수집된 자료를 바탕으로 공연법 절차가 실현되는 구체적인 과정을 정리하였다.

공연법 자료는 서울시청의 '공공 데이터 개방'에 따라 수집할 수 있었다. 서울시청은 1975-1979년까지 에저또창고극장 및 삼일로창고극장에서 공연 활동을 했던 17개 극단의 공연자등록 신청서와 공연자등록증, 극단 정관, 약도, 출연계약서, 전속단원 서류를 소장하고 있었다. 이 자료를 바탕으로 공연자등록 절차를 파악할 수 있었다. 그러나 공연자 등록에 관한 자료 외에 1970년대 에저또/삼일로창고극장의 대본심의와 심사 및 공연신고 자료를 수집할 수 없었다. 대본심의의 경우 한국공연윤리위원회의 《공연윤리》에 심의 결과가 있으나 심의 내용에 관한 자세한 내용은 한국공연윤리위원회가 심의 단체에 발송한 '심의 의견서'에 기록되어 있다. 그러나 1970년대 에저또/삼일로창고극장 공연에 관한 심의 의견서를 직접 접할 수는 없었다. 대신 극단

연우무대가 소장중인 1970년대 대본심의 의견서와 방태수가 소장 중
인 대본심사 및 공연신고 자료의 일부를 바탕으로 대본심의와 심사,
공연신고 등에 관한 절차를 파악하였다.

1. 공연법 제정과 개정

1961년 12월 30일 제정된 공연법(법률 제 902호)[1]은 일제 강점기 말
에 제정된 조선흥행등취체규칙(朝鮮興行等取締規則)의 일부를 수정해
공포된 것이다. 제정 공연법의 주된 내용은 공연자의 등록, 공연장에
대한 기준, 관람료 및 공연 시간제한[2], 공연을 정지할 수 있는 권한[3]
과 공연장의 감독 권한, 공연자, 공연장경영자 및 관람자의 준수사항
을 제시하고 있었다.

공연법 제정의 목적은 '예술의 자유를 보장하고 건전한 국민 오락을
육성하기 위함'이었다.[4] 제정 목적에 따르면 공연 예술은 국민 오락의
하나일 뿐 공연 예술의 심미적, 교육적, 사회적 기능은 인정되지 않았
다.[5] 또한 공연법에서 명시하고 있는 '건전'이라는 가치는 권력 집단의

---

1) 공연법(법률 제902호), 국가법령정보센터(http://www.law.go.kr/lsInfoP.do?lsi
   Seq=5222&ancYd=19611230&ancNo=00902&efYd=19611230&nwJoYnInfo=N&efG
   ubun=Y&chrClsCd=010202#0000, 2017.12.21.)
2) 오후 11시 이후에는 공연할 수 없었다.
3) 제17조 공연의 정지. 다음 각 호의 1에 해당하는 경우에는 관계 행정관청은 그 공연을
   정지시킬 수 있다. 1. 공안, 풍속, 위생상 현저한 지장이 있다고 인정될 때 2. 본법
   또는 본법에 의한 명령에 위반하였을 때. 국가법령정보센터(http://www.law.go.
   kr/lsInfoP.do?lsiSeq=5222&ancYd=19611230&ancNo=00902&efYd=19611230&nw
   JoYnInfo=N&efGubun=Y&chrClsCd=010202#0000, 2017.8.1.)
4) 제1장 제1조 목적, 국가법령정보센터(http://www.law.go.kr/lsInfoP.do?lsiSeq=
   5222&ancYd=19611230&ancNo=00902&efYd=19611230&nwJoYnInfo=N&efGubun
   =Y&chrClsCd=010202#0000, 2017.8.13.)

목적에 따라 다양하게 해석될 수 있는 여지를 제공하고 있었다.6)

1963년 3월 12일 개정된 공연법(법률 제1306호)7)은 공연 활동 통제를 더욱 구체화하는 방향으로 전개되었다. 가장 눈에 띄는 것은 무대 공연물의 사전 각본 심사 조항이다. 그 밖에 공연장의 기준 역시 강화되었다. 연습실을 필요로 하는 공연 종목에 있어서는 공보부장관이 정하는 평수 이상의 연습 공간을 사용해야 하고, 특별한 경우가 아닌 이상 가설공연장 설치를 제한하고 있었다. 이에 관해 유치진은 "등록제니 심사제는 일제말기 강압정책에서나 볼 수 있었던 것으로서 시대를 역한 것"이라고 혹평했으며, 이원경은 "세계사를 통해 보면 남이 하는 일에 대해서 여러 가지 간섭을 전제 정치자들이 즐겨했다"라는 의견을 피력함을 볼 때 공연법 개정은 연극 활동 보장과 전혀 상관없이 전개되었음 알 수 있다.8)

대본심의는 대본심사 전에 이루어지는 대본 사전 검열이었다. 대본심사를 담당하는 기관은 공보부였으며, 대본심의는 1966년 1월에 설립된 한국예술문화윤리위원회가 담당하였다. 한국예술문화윤리위원

---

5) 유민영은 당시 연극인들이 꼭 개정되어야만 한다고 주장했던 부분은 순수예술(연극, 무용), 대중예술(영화, 쇼)을 구별해주고 연극공연장과 영화관 쇼무대를 뚜렷하게 구분하는 것이라고 밝히고 있다. 유민영, 앞의 책, 357쪽.

6) 공연을 따라서 연극 역시도 오락적 가치만 고평가된 것도 문제적이지만 국민오락으로서의 자격에 부합할 수 있는 '건전성'에의 요구는 더욱 문제적이라고 할 수 있다. 건전성 여부에 대한 평가는 제도적 장치에 의해 일방적으로 이루어지면서 당대의 지배 이데올로기를 위반하거나 그것의 확립에 저해될 요소가 있는 공연은 공연의 기회를 원천적으로 봉쇄당했기 때문이다. 불건전함을 척결하겠다는 제도권의 권위주의와 단호함이 공연법을 엄중한 통제와 검열의 제도적 장치로 활용한 근본적인 원인이다. 정현경, 「1970년대 연극 검열 양상 연구」, 충남대학교 대학원 박사학위 논문, 2015, 48~49쪽.

7) 공연법(법률 제1306호), 국가법령정보센터(http://www.law.go.kr/lsInfoP.do?lsiSeq=5223&ancYd=19630312&ancNo=01306&efYd=19630412&nwJoYnInfo=N&efGubun=Y&chrClsCd=010202#0000, 2017.12.21.)

8) 「부당한 등록·각본심사제 새공연법시행령시비」, 《경향신문》, 1963년 6월 13일자.

회는 민간에서 예술에 대한 엄격한 검열을 사전에 막아 보려는 취지에
따라 설립된 기관이었다.9) 그러나 이 기관은 1966년 4월 27일 27일
개정 공연법(법률 제 1790호)10)에 따라 공보부의 자문기관 역할을 담당
하며 공보부의 영향력에서 자유로울 수 없었다.11) 해당 개정 공연법
(법률 제 1790호)은 대본심사와 함께 실연심사를 할 수 있는 근거를 제
공하고 있다. 실연심사는 대본심의와 심사에서 개작 및 수정 결정 통
보 받은 대본을 공연할 때 해당 대본이 심의·심사 기관의 의도대로
수정했는지 확인하는 절차이다. 이처럼 공연법은 사전심의와 심사,
공연신고, 실연심사에 대한 공보부의 영향력을 강화하는 방식으로 개
정되었다.

　　1975년 개정 공연법(법률 제2884호)12)은 "각종 공연활동의 질서가

---

9) 예륜은 1966년 4월 개정 공연법 제 25조의 3항에 공연자문위원에 관한 조항에 따라
　문공부에 자문하는 역할을 담당했다. 제25조의 3 공연자문위원회 내용은 다음과 같다.
　①공연에 관하여 등록청의 자문에 응하기 위하여 등록청에 공연자문위원회(이하 "위원
　회"라 한다)를 둘 수 있다. ②위원회는 다음 각호의 사항을 심의한다. 1. 공연 행정에
　관한 사항 2. 공연의 육성·발전에 관한 사항 3. 기타 등록청이 제의하는 사항 ③위원회의
　조직·운영에 관하여 필요한 사항은 대통령령으로 정한다. 제 25조의 3항에 공연자문위
　원회, 국가법령정보센터((http://www.law.go.kr/법령/공연법/(19660427,01790,196
　60427)/제25조, 2017.8.13.)
10) 공연법(법률 제1790호), 국가법령정보센터(http://www.law.go.kr/lsInfoP.do?lsi
　Seq=5224&ancYd=19660427&ancNo=01790&efYd=19660427&nwJoYnInfo=N&ef
　Gubun=Y&chrClsCd=010202#0000, 2017.12.21.)
11) 이에 대해 정현경은 다음과 같이 지적하고 있다. 1966년 제2차 공연법 개정은 실질적
　으로 공보부의 권한을 확대한 것이라고 할 수 있다. 각본의 사전 검열뿐만 아니라 등록
　청이 필요하다고 인정할 때는 실연 심사를 할 수 있다는 조항은 공연 활동을 강력하게
　규제하겠다는 공보부의 의지를 표명한 것으로 볼 수 있다. 따라서 민간 위원회의 심의
　보다 공보부의 검열이 우선권이 있음을 드러낸다고 볼 수 있다. 정현경, 위의 논문,
　34쪽.
12) 공연법(법률 제2884호), 국가법령정보센터(http://www.law.go.kr/lsInfoP.do?ls
　iSeq=5225&ancYd=19751231&ancNo=02884&efYd=19751231&nwJoYnInfo=N&efG
　ubun=Y&chrClsCd=010202#0000, 2017.12.21.)

문란했던데 대한 과감한 조치"이며 "건전한 국민생활과 사회기풍을 확립하기 위해 한국예술문화윤리위의 사전공연심의를 중심으로 대폭적으로 규제" 하는 것을 목표로 개정 되었다.[13] 개정 공연법(법률 제2884호)에서 주목할 점은 공연 대본 검열 기구인 한국공연윤리위원회의 설립에 관한 사항이다. 한국공연윤리위원회는 공연법에 기초하여 설립된 공연 심의 기관으로 예산과 운영에 있어 국가의 전폭적인 지원을 받는 심의 기구였고, 건전과 퇴폐를 기준으로 대본에 관한 개작, 수정, 반려 등의 조치를 내릴 수 있었다. 이외에도 개정 공연법(법률 제2884호)은 공연자등록 신청을 문화공보부로 일원화 시키고 1년 이상 공연 실적이 없는 공연자에 한해 공연자등록증을 폐지하는 내용을 추가 하였다. 등록이 취소된 자는 1년 내에 다시 등록할 수 없었다.

한편 공연법 제정 이후 연극계는 영화관과 연극 전문 공연장을 구분해줄 것을 지속적으로 건의해왔다. 공연법에서 제시하고 있는 공연장 설치에 관한 기준은 영세한 소극장이 갖출 수 있는 것이 아니었기 때문이다. 1977년 공연법시행규칙(문화공보부령 제57호)[14]이 전부 개정되면서 제 29조 연극을 전문으로 하는 공연장에 관한 조항이 신설된다.[15] 이에 따라 소극장들은 정식 공연장으로 허가 받기 위한 조치를 취하였으나 서울시는 건축법과 소방법에 위배된다며 소극장에 정식

---

13) 「각종 공연 대폭 규제」, 《경향신문》, 1975년6월5일자.

14) 공연법시행규칙(문화공보부령 제57호), 국가법령정보센터(http://www.law.go.kr/lsInfoP.do?lsiSeq=37370&ancYd=19770218&ancNo=00057&efYd=19770218&nwJoYnInfo=N&efGubun=Y&chrClsCd=010202#0000, 2017.12.21.)

15) 연극을 전문으로 하는 공연장의 시설에 관하여는 제8조 내지 제 10조, 제 12조 내지 제 22조, 제 25조 및 제 26의 규정을 준용한다. 다만, 제 17조를 준용함에 있어서는 "바닥 면적의 20분의 1이상"을 "바닥 면적의 30분의 1 이상"으로 한다. 제 29조 연극을 전문으로 하는 공연장, 국가법령정보센터((http://www.law.go.kr/법령/공연법/(19770218,01790,19660427)/제29조, 2017.8.13.)

공연장 허가를 내주지 않았다.[16]

공연법이 소극장 연극을 규제에 적극적이었던 것과 달리 1974년 발표된 문화예술중흥 5개년 계획은 대극장을 중심으로 하는 극단과 연극 활동을 지원하였다. 그리고 문화예술중흥 5개년 계획을 실현하기 위해 한국문화예술진흥위원회를 설립한다. 한국문화예술진흥위원회는 문예중흥을 위한 모든 계획과 실행, 기금 조성을 담당하는 국무총리 자문기관 역할을 담당 하였다.[17] 문화예술중흥 5개년 계획에는 연극에 대한 경제적 지원이 포함되어 있었다. 경제적으로 어려운 환경에 처해 있던 당시 연극계와 문화예술계에서는 대체적으로 환영한 것으로 보인다.[18] 그러나 연극 지원은 유신 이념을 홍보하기 위한 수단이기도 했다. 지원 조건에는 새마을운동을 주제로 한 연극을 순회 공연하는 의무가 포함되어 있었다.[19] 당시 9개의 극단이 각 100만원씩을 지원받았다.[20] 창작극 진흥을 목적으로 극작가 역시 지원 대상이 되었다.[21] 그러나 민간에서 세운 소극장은 1970년대를 통과하며 단한 번도 국가의 지원을 받을 수 없었다. 오히려 소극장 폐관 위기와

---

16) 「설 땅 잃은 소극장 공연」, 《동아일보》, 1977년 10월 20일자.

17) 정현경, 위의 논문, 38쪽.

18) 「문예중흥계획에 대한 기대」, 《동아일보》, 1973년 10월 20일자.

19) 이승희, 앞의 책, 170쪽

20) 극단 산하, 자유, 가교, 여인, 드라마센터, 광장, 실험, 산울림, 신협 등 9개 극단이 이에 해당한다. 한국예술문화단체 총연합회, 앞의 책, 148쪽.

21) 1974년 문예진흥원에서 50만원의 창작 지원금을 받아 창작된 극작가 박조열의 〈오장군의 발톱〉은 예륜의 공연 불가 판정을 받아 1988년 대본 사전 심의가 폐지되기 전까지 공연되지 못했다. 박조열의 〈오장군의 발톱〉은 작가의 6·25 참전 경험을 바탕으로 하는 작품으로 오장군이라는 순박한 군인을 통해 전쟁의 무모함을 그려낸 수작이다. "이름이 장군인 주인공 오장군을 자신에게는 비극적이지만 타인이나 관객에게는 희극적으로 묘사하고 황소가 말을 하는 우화적 수법을 이용한 것인데도" 예륜 측에서는 "시의에 맞지 않고 사령관의 언행이 품위 없다"고 심의·반려하였다. 유민영, 앞의 책, 355쪽;「〈오장군의 발톱〉 시의에 안 맞는다」, 《경향신문》, 1975년 8월 26일자.

유보를 반복하며 연극 활동을 이어나갔다고 볼 수 있다. 결과적으로 1970년대 소극장은 1988년 공연법이 개정되기 전까지 정식 소극장으로 인정받지 못하는 불법 공연장이었으며, 대본심의와 심사로 대표되는 제도적 검열과 이를 돌파하기 위한 다양한 전략이 전개되는 공간으로 존재했다.

2. 1970년대 소극장 활동과 공연법

1) 공연자등록

공연법에서 말하는 공연자란 "공연을 주재하거나 행하는 자를 말한다."이다.[22] 공연법은 공연자에 대한 명확한 정의를 위해 '비공연자의 공연[23]'에 대한 사항을 지정하고 있다. '비공연자의 공연'은 "1. 교육기관에서 교육을 목적으로 행하는 공연. 2. 종교단체에서 종교의식으로서 행하는 공연. 3. 국경일·기념일 및 경축일의 행사로서 행하는 공연. 4. 자선 또는 구호의 사업으로 행하는 공연. 5. 공보부령으로 정하는 의식 및 요식업소 등에서 행하는 공연"이다. '비공연자의 공연' 이외의 공연 활동을 하는 공연자는 공연자등록증을 가지고 공연 활동을 해야만 했다.

공연자등록 신청은 공연자의 관할 도청 및 시청, 공보부에서 이루어졌다. 공연자의 공연 지역이 1개 도 및 시에 해당할 때는 관할 시·도청에 신청했고, 2개 지역 이상인 경우 공보부에 신청해야 했다.

---

22) 공연법 제1장 제2조 정의, 국가법령정보센터(http://www.law.go.kr/법령/공연법 /(19660427,01790,19660427)/제2조, 2017.8.13.)

23) 제1조 비공연자, 국가법령정보센터(http://www.law.go.kr/법령/공연법시행령/(196 60926,02748,19660910)/제1조, 2017.8.13.)

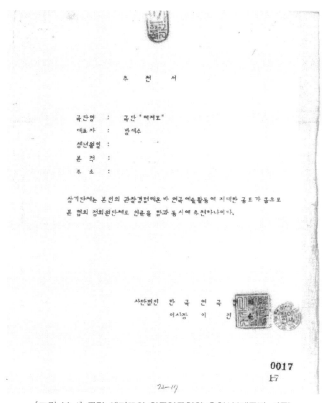

[그림 V-1] 극단 에저또의 한국연극협회 추천서(제증빙 서류)

1975년 공연법 개정 이후로는 공연 지역 개수에 제한 없이 문화공보부에 신청하는 것으로 변경되었다.

공연자등록에 관한 자료는 서울시 공공 데이터 개방에 의해 수집할 수 있었다. 공공 데이터 개방에 따라 서울시로부터 받은 자료는 1970년대 에저또/삼일로창고극장에서 공연한 19개 극단 중 17개 극단의 공연자등록 신청서 및 공연자등록증에 관한 것이다.[24] 해당 자료에는 신청서, 사진, 예총 및 관계 단체에서 발부하는 제증빙 서류, 법인 또

는 단체일 경우 정관 등기부등본, 전속출연자계약서(전속출연자 인장),
단원 명단, 극단 사무실 약도 등이 포함되어 있다. 공연자등록 신청
안내서의 경우 공연자등록 신청에 관한 절차를 적시하고 있다.

[그림 V-1]는 극단 에저또의 한국연극협회 추천서(제증빙 서류)이
다. 이것은 한국연극협회에서 신청자의 협회 정회원, 준회원 여부를
확인하는 증명서이다.[25] 한국연극협회의 회원 자격은 학력 사항과 연
극 경험에 따라 결정되었다. 대학 졸업 후 2년 이상 연극 활동을 하면
정회원 자격을 얻을 수 있었고, 고등학교 졸업 후 4년 이상 연극 활동
을 하면 준회원 자격을 얻을 수 있었다.[26]

> 예총산하 연극인 협회의 정회원 자격을 얻기 위해서는 4년제 대학을 졸
> 업하고 무대경력 5년 이상, 초급대학의 경우는 무대경력 7년 동안 쌓아야
> 된다는 엄격한 규정이 있다.[27]

---

24) 1961년에서 1975년 12월 31일 공연법 개정 전까지 공연자등록은 공연지역이 1개 시도
인 경우 각 관할시청 및 도청에서 해야 하고, 공연 지역이 1개 시도 이상인 경우 문화공
보부에 신고해야했다. 1975년 공연법 개정 이후로는 공연 지역의 숫자와 상관없이 문
화공보부 장관에게 공연자등록 신청 요청을 해야 했다. 그러나 대부분의 극단은 공연
지역을 전국일원으로 상정하고 있었기에, 공연자등록은 대부분 문화공보부의 소관이
었다. 각본심사 역시 문화공보부 담당이다. 본 연구자는 문화체육관광부에 공연자등록
과 각본심사에 관한 신청서 일체를 정보 공개 요청하였으나, 정보 부존재로 인해 받을
수 없었다. 이는 "정부 공문서 분류번호 및 보존기간 책정 기준 등에 관한 규칙(총리령
제290호, 1984.12.31. 제정)"에 따라 보존 연한 경과로 폐기되었기 때문이다. 따라서
수집된 자료는 공연자등록 신청 시, 등록청을 서울시청으로 한 극단의 자료이다. 서울
소재의 극단들은 서울시청으로 공연자등록을 신청하고, 서울시는 해당 신청서를 문화
공보부로 이관하였다. 또한 이번 수집 과정에서 제공받은 자료에는 '전속출연자' 명단
이나 '계약서' 등에 개인정보가 있는 경우 이를 삭제한 후 넘겨주었기 때문에, 정확한
극단원들의 이름 등을 파악할 수 없었다.
25) 서울시 데이터 개방을 통해 받은 19개 극단 공연자등록에 관한 서류 19개 중, 10개
극단이 한국연극협회의 제증빙 서류를 첨부하고 있었다. 누락된 9개 극단의 제증빙서
류는 분실됐을 가능성이 높다.
26) 「특정 배우학원 출신에만 준회원자격」,《동아일보》, 1972년 2월 15일자.

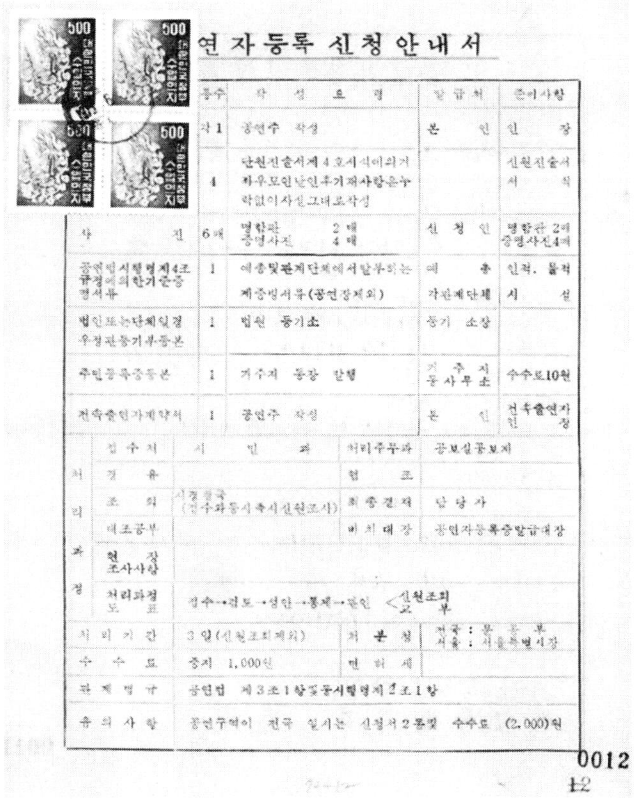

연 자 등 록 신 청 안 내 서

서류명	통수	작 성 요 령	발급처	준비사항
	각1	공연주 작성	본 인	인 장
	4	단원진술서제4호서식에의거 하우므로인원인후기재사항은누락없이사실그대로작성		신원진술서 서 식
사 진	6매	명함판 2매 증명사진 4매	신 청 인	명함판 2매 증명사진4매
공연법시행령제4조 규정에의한기준증명서류	1	예총및관계단체에서발부하는 제증명서류(공연장제외)	예 총 각관계단체	인적, 물적 시 설
법인또는단체일경우정관등기부등본	1	법원 등기소	등기 소장	
주민등록증등본	1	거주지 동장 발행	거주지 동사무소	수수료10원
전속출연가계약서	1	공연주 작성	본 인	전속출연자 인 장

처리과정	접수처	시 민 과	처리주무과	공보실공보계
	경 유		협 조	
	조 회	시경정국 (접수와동시즉시신원조회)	최종결재	담 당 자
	대조공부		비치대장	공연자등록증발급대장
	현 장 조사사항			
	처리과정 도 표	접수→검토→결인→통제→발인 <신원조회 교 부		
처리기간		3일(신원조회제외)	처 분 청	전국 : 문 공 부 서울 : 서울특별시장
수 수 료		증지 1,000원	면 허 세	
관계법규		공연법 제3조1항및동시행령제2조1항		
유의사항		공연주체이 전국 실시는 신청서2통및 수수료 (2,000)원		

0012

12

[그림 V-2] 공연자등록 신청 안내서

그러나 한국연극협회의 회원 기준은 갓 대학을 졸업하고 연극 활동을 시작하려는 신진 창작자들이 갖출 수 있는 것이 아니었다. 따라서 신진 창작자들은 공연자등록증을 대여하거나 PD시스템과 같은 제작 방식을 통해 공연 활동을 시작할 수밖에 없었다.[28]

27) 「돈(161)」, 《매일경제》, 1969년 1월 24일자.

28) 극단 연우무대의 경우 1978년 데뷔작 〈아침에는 늘 혼자예요〉를 극단 대하의 이름으로 발표하였다. 연우무대, 『연우 30년 창작극개발의 여정』, 한울, 2008, 28쪽.

[표 Ⅴ-1]은 1985년에 발행된 『한국예술총연합회 30주년』에 실린 극단 설립 날짜에 관한 것이다. 표에 따르면 극단 산하, 프라이에뷔네, 동인무대를 제외하고 극단 설립연도가 기록되어 있다.29) 그런데 극단 설립 시기와 공연자 등록 시기가 일치하는 극단은 극단 창고, 자유극장, 산하 등 세 곳에 불과했다. 이 극단들은 이미 활발하게 활동하던 연극인들이 주축이 되어 설립된 극단이었다. 이들은 이미 한국연극협회 정회원이거나, 국립극단 단원으로 공연자 등록 신청에 아무런 문제가 없었다.30)

[표 Ⅴ-1] 극단 설립 년도와 공연자등록 신청 년도

극단	대표자	설립년도	공연자등록 신청 및 시행년도
산하	차범석	1963	1965.11.20
자유극장	이병복	1966	1966.6.10
민중극장	이근삼	1963	1970.11.17
배우극장	장희진	1968	1972.5.1
여인극장	강유정	1966	1973.1.9
민예극장	구자홍	1973	1973.6.9
고향	김형진	1970	1974.1.17
실험극장	김동훈	1960	1974.12.20
작업	길명일	1970	1974.8.27
성좌	권오일	1969	1975.11.10
에저또	방태수	1967	1975.6.12
동인무대	김덕남	1962	1975.12.26

---

29) 1985년 기준으로 작성된 명단을 참고하였기 때문에, 극단의 대표 역시 1985년 기준이다.
30) 극단 산하의 김순철은 1963년 11월 국립극단 단원으로 선출되었다. 즉 산하는 차범석과 김순철이 모두 한국연극협회 정회원이었다. 「국립극장 전속극단을 개편」,《경향신문》, 1963년 11월 30일자.

대하	김완수	1977	1981.1.12
창고극장	이원경	1976	1976.4
프라이에뷔네	국중광	1967	1976.5.14
제3무대	정운	1973	1976.5.3
가교	박인환	1965	1976.2.9
연우무대	오종우	1978	1982.7.22
뿌리	김도훈	1976	

공연자등록 신청 시기와 극단 설립 시기의 차이가 큰 극단의 경우 예상할 수 있는 상황은 다음과 같다. 공연자등록을 하지 않고 공연을 했거나, 서울시청의 공연자등록에 관한 서류가 분실되었을 가능성이다.[31] 예를 들어 1966년 4월 27일 공연법(법률 제1790호)이 개정되기 전 공연법에는 제46조의 2 '비공연자의 유료공연'에 관한 조항이 있었다. 이 조항은 비공연자가 연구 발표로 행하는 공연에 관해서도 유료 공연을 할 수 있도록 보장하고 있다. 이에 따라 1960년대 생겨난 동인제 극단들이 공연자 등록을 반드시 해야만 하는 상황은 아니었으리라 추측할 수 있다.[32]

---

31) 이에 관해서 극단 에저또의 방태수는 다음과 같이 증언하고 있다. "1967년 극단이 설립되어, 연극 활동을 하던 시기에는 친목 단체의 성격이 강했다. 연극인들은 공연법에 크게 신경 쓰는 분위기도 아니었다. 그리고 공연자등록을 하는 극단들은 대부분 이미 프로 극단들로, 대극장 연극을 하는 극단들이었다" 방태수는 연구자와의 인터뷰를 통해 이와 같이 밝히고 있으나, 비슷한 시기 다른 창작자들의 증언을 모두 참고한 것이 아니기 때문에 일반화할 순 없다. 방태수. (2017년 8월 26일). 정주영 개인인터뷰.
32) 동시에 극단 설립 시기와 활동 사항이 부각되는 시기가 다르기 때문인 것으로도 볼 수 있다. 실제로 극단 에저또의 경우 1969년에 소극장을 운영하면서 젊은 연극제, 마임극, 가두극 등 다양한 연극 활동을 진행하였다. 그러나 이들의 활동이 본격적으로 이슈화된 것은 1975년 에저또창고극장 시절부터이다.

제46조의2 (비공연자의 유료공연) 법 제2조의2 단서의 규정에 의하여 공연자가 아닌 자(국가·지방공공단체 및 교육기관을 제외한다)가 요금을 받고 공연할 수 있는 경우는 다음과 같다. 이 경우의 공연은 영리화되어서는 아니 된다.

1. 개인 또는 단체나 기관이 연구발표로서 행하는 공연
2. 단체 또는 기관이 그 구성원의 자질향상 또는 오락이나 친목을 목적으로 행하는 공연
3. 개인 또는 단체나 기관이 명절·기념일 또는 의식 등에 있어서 그 행사로서 행하는 공연
4. 개인 또는 단체가 자선 또는 구호의 사업을 목적으로 행하는 공연
5. 개인 또는 단체가 음반·서화·조소물·공예품·의상 기타 공보부장관이 정하는 관람물을 단순히 관람 또는 청문에 공하는 등의 공연
6. 호텔·료식업소 기타 접객업소에서 그 시설이용자의 위안을 목적으로 행하는 영화·연극 이외의 공연 [본조신설 1963·6·11][33]

1966년 공연법(법률 제1790호)이 개정되고 1966년 9월 26일 전부 개정된 공연법시행령(대통령령 제2748호)이 공포되면서 '비공연자의 유료공연' 항목 대신 '비공연자의 공연'으로 바뀐다. 비공연자의 공연은 더욱 엄격히 적용된다. 국가 행사, 자선 및 구호 사업, 의식 및 요식업소 등에서 행하는 공연에 해당하는 것만 비공연자의 공연으로 인정받을 수 있었다.

제60조 (비공연자의 공연) 법 제25조의 규정에 의한 "대통령령이 정하는 자가 행하는 공연"이라 함은 다음 각 호의 1에 해당하는 것을 말한다.

1. 제1조제3호(국경일·기념일 및 경축일의 행사로서 행하는 공연)에 해

---

33) 제46조의2 비공연자의 유료공연, 국가법령정보센터(http://www.law.go.kr/법령/공연법시행령/(19631130,01662,19631130)/제46조의2, 2017.8.13.)

당하는 공연.

2. 제1조제4호(자선 또는 구호의 사업으로 행하는 공연)에 해당하는 공연.

3. 공보부령으로 정하는 의식 및 요식업소 등에서 행하는 공연.[34]

한편 공연법은 공연자가 되고자 하는 자의 물적 기준을 마련하고 있었다. 이를 증명하듯 서울시 공공 데이터 개방에 의해 수집한 자료 중 11개 극단이 극단 사무실 주소와 약도를 첨부하고 있었다.[35]

제4조 (등록기준) 법 제3조의 규정에 의하여 공연자가 갖추어야 할 인적, 물적 기준은 다음과 같다.

1. 영화의 공연자(제2호에 해당하는 자를 제외한다)에 있어서는 다음 각 호의 1에 해당하는 자이어야 한다.

　가. 법 제7조의 규정에 의한 공연장의 경영자 및 그 대리인

　나. 영화법 제4조의 규정에 의하여 허가를 받은 영화업자

2. 법 제7조제6항의 규정에 의한 국가·지방자치단체 또는 학교의 시설이나 광장을 임시로 공연의 장소로 하는 영화의 공연자에 있어서는 영사기사와 영사기 및 발전기를 갖추어야 한다.

3. 음반을 유선으로 공중의 청문에 공하는 공연자는 조정기사와 송신 및 조정시설을 갖추어야 한다.

4. 제1호 내지 제3호 이외의 공연자는 문화공보부령이 정하는 바에 따라 전속 출연자, 악기 또는 연습실을 갖추어야 한다.[36]

---

34) 제60조 비공연자의 공연, 국가법령정보센터(http://www.law.go.kr/법령/공연법시행령/(19660926,02748,19660910)/제60조, 2017.8.13.)

35) 극단 고향, 배우, 산하, 실험극장, 에저또, 여인극장, 자유극장, 제3무대, 창고극장, 프라이에뷔네, 현대가 이에 해당한다.

36) 제4조 등록기준, 국가법령정보센터(http://www.law.go.kr/법령/공연법시행령/(19770201,08428,19770131)/제4조, 2017.8.13.)

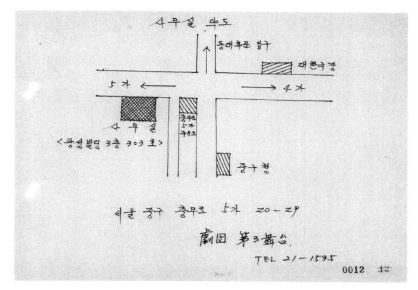

[그림 Ⅴ-3] 극단 제3무대의 사무실 약도

　이외에도 공연자등록에 관한 서류는 1970년대 공연법 집행을 추측할 수 있는 다양한 자료를 포함하고 있었다. 이를 바탕으로 1970년대 소극장 연극과 공연법 관계를 다양한 방식으로 접근할 수 있을 것이다. [표 Ⅴ-2]는 1975년 공연법 개정 이후 문화공보부에 신청하는 공연자등록 신청 제출 서류와 공연자등록 절차에 관한 표이다.[37)]

---

37) 공연자는 예총 및 관계 단체에 의해 회원 자격이 증명되고 개인 신원 진술서를 작성에 따라 신원 조회를 통과한 뒤 문화공보부의 관리에 들어가는 공연자 자격을 얻을 수 있었다.

[표 V-2] 1975년 기준의 공연자등록 신청 절차

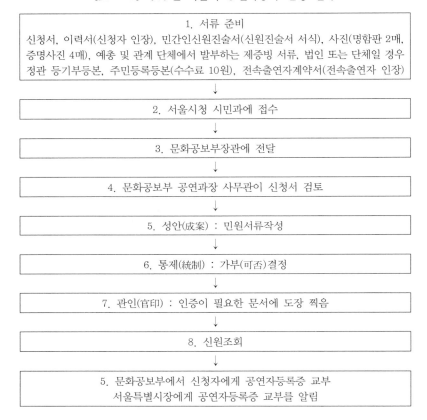

1. 서류 준비
신청서, 이력서(신청자 인장), 민간인신원진술서(신원진술서 서식), 사진(명함판 2매, 증명사진 4매), 예총 및 관계 단체에서 발부하는 제증빙 서류, 법인 또는 단체일 경우 정관 등기부등본, 주민등록등본(수수료 10원), 전속출연자계약서(전속출연자 인장)

↓

2. 서울시청 시민과에 접수

↓

3. 문화공보부장관에 전달

↓

4. 문화공보부 공연과장 사무관이 신청서 검토

↓

5. 성안(成案) : 민원서류작성

↓

6. 통제(統制) : 가부(可否)결정

↓

7. 관인(官印) : 인증이 필요한 문서에 도장 찍음

↓

8. 신원조회

↓

5. 문화공보부에서 신청자에게 공연자등록증 교부
서울특별시장에게 공연자등록증 교부를 알림

2) 한국공연윤리위원회 대본심의

한국공연윤리위원회는 1975년 개정 공연법에 의해 설립되었다. 한국공연윤리위원회는 공연법에서 제시하는 명랑한 건전 문화를 조성하고 풍기문란을 방지하고 퇴폐 문화를 퇴출하려는 목적에 따라 공연 예술 및 영화, 음악(대중 음악 포함), 연예를 심의하였다. 이 기관은 민간인을 중심으로 선출된 윤리위원들과 심의위원으로 구성되었다.[38) 공연하고자 하는 모든 대본은 사전 심의를 거쳐야 했다. 대본심의 결과는 수정(주로 외래어나 비속어 수정), 통과(무수정통과), 개작, 반려 등 네 가지로 구분 되었다. 개작의 경우 심의에서 지적한 내용을 바탕으로 대본 수정 후 다시 제출해서 심의 받아야 했다. 반려의 경우 아예 공연할 수 없었다.[39]

한국공연윤리위원회의 대본심의에 관한 절차는 구체적으로 남아 있는 것이 없다. 그러나 극단 연우무대 1978년 창단 공연 〈아침에는 늘 혼자예요〉의 '각본 심의 의견서'와 본 연구자가 이 작품의 작가를 인터뷰하며 얻은 정보에 근거하여 대본심의 절차를 정리하였다.[40]

대본심의를 위해 제출된 서류는 대본심의 신청서, 인쇄 대본 10부[41], 작가의 승낙서, 작품 줄거리이다. 대본심의를 마친 후에는 '무

---

38) 한국공연윤리위원회의 조직은 위원장 아래 사무국장을 두고, 그 밑에 총무부와 기획조사부를 두어 사무집행을 맡고 있으며, 국고보조금·문예진흥원지원금·영화진흥공사지원금·심의료·기타의 재정으로 운영되어 왔다. 회의 기구로서 윤리위원회(위원장 등 15명)에 5개의 전문심의위원회와 3명 내외의 상근 심의위원을 두었다. 무대공연물전문심의위원회(심의위원 6명), 영화전문심의위원회(심의위원 11명), 가요·음반전문심의위원회(심의위원 6명), 비디오전문심의위원회(심의위원 6명), 광고물전문심의위원회(심의위원 3명) 등이 그것이다. 각 분야별로 윤리위원이 1명씩(무대공연물 2명) 구성되어 전문심의위원회 의장직을 맡아 수행하였다. 또한, 매달 《공연윤리》를 발행하는 한편, 각계의 의견 종합을 위한 간담회, 심포지엄과 세미나를 개최하여 원활한 운영을 도모하였다. 한국공연윤리위원회, 한국민족문화대백과사전(http://encykorea. aks.ac.kr/Contents/Index?contents_id=E0004397, 2017.11.21.)

39) 반려되는 작품들은 1970년대의 사회분위기를 비관적으로 그리거나, 북한 체제를 옹호하는 작품, 미풍양속을 해칠 수 있다고 판단된 작품들이었다. 「이런 작품이 반려된다」, 《공연윤리》, 1977년 7월호, 2~5쪽.

40) 극작가 김광림. (2017년 8월 24일). 정주영 개인인터뷰.

41) 정진수가 《공연윤리》에 기고한 글에는 보다 자세한 대본 심의 절차에 관한 내용을 다루고 있다. 극단 및 작가가 공연윤리위원회 심의 신청서 접수를 할 때, 제출해야 하는 대본은 인쇄 대본으로 10부 이다. 그 당시 10부를 인쇄하려면 10만원 정도가 드는데, 개작이나 반려된 작품들은 또 다시 그 정도 금액을 들여야 하기 때문에 영세한 극단이 감당할 수 있는 금액은 아니라고 말한다. 그 결과 극단들은 심의에 제출하지 않는 대본들이 더 많을 것이며, 한국공연윤리위원회가 심의하는 작품 대부분이 통과되

대공연물심의 의견서'가 대본심의를 신청한 단체에 발송되었다. 심의 결과는 한국공연윤리위원회의 《공연윤리》에 발표되었다. 그러나 앞서 언급한 것처럼 1978년 10월호부터는 심의 결과를 통보하는 것이 아니라 심의 통계만 발표하는 것으로 바뀌었다.

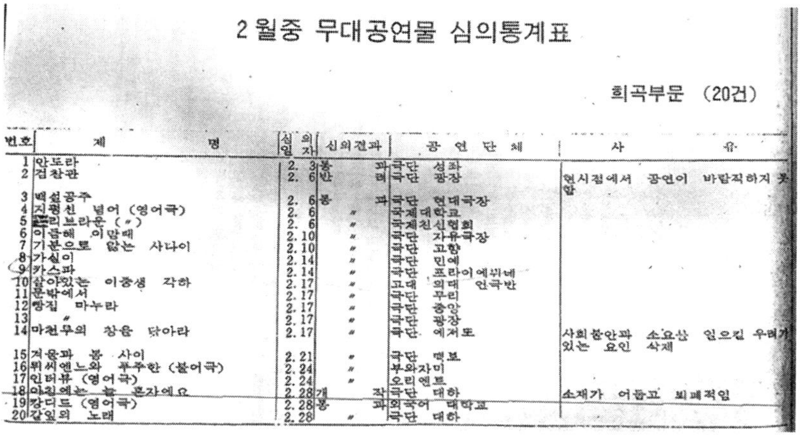

2월중 무대공연물 심의통계표

희곡부문 (20건)

번호	제명	심의일자	심의결과	공연단체	사유
1	안또라	2. 3	통과	극단 성좌	
2	검찰관	2. 6	반려	극단 광장	현시점에서 공연이 바람직하지 못함
3	백설공주	2. 6	통과	극단 현대극장	
4	지평선 넘어 (영어극)	2. 6	〃	국제대학교	
5	찰리브라운 (〃)	2. 6	〃	국제친선협회	
6	이듬해 이맘때	2. 10	〃	극단 자유극장	
7	기분으로 앉는 사나이	2. 10	〃	극단 고향	
8	가실이	2. 14	〃	극단 민예	
9	카스파	2. 14	〃	극단 프라이에뷔네	
10	살아있는 이중생 각하	2. 17	〃	고대 의대 연극반	
11	문밖에서	2. 17	〃	극단 무리	
12	빵집 마누라	2. 17	〃	극단 중앙	
13	〃	2. 17	〃	극단 광장	
14	마천루의 창을 닦아라	2. 17	〃	극단 에저또	사회불안과 소요심 일으킬 우려가 있는 요인 삭제
15	겨울과 봄 사이	2. 21	〃	극단 맥토	
16	뒤씨엔느와 푸주한 (불어극)	2. 24	〃	부와자미	
17	인터뷰 (영어극)	2. 24	〃	오리엔트	
18	아침에는 늘 혼자예요	2. 28	개작	극단 대하	소재가 어둡고 퇴폐적임
19	캉디드 (영어극)	2. 28	통과	외국어 대학교	
20	갈잎의 노래	2. 28	〃	극단 대하	

[그림 V-4] 한국공연윤리위원회 무대공연물 심의 통계표 《공연윤리》, 1978년 3월호

는 것은 경제적인 이유도 한 몫 한다고 주장하고 있다. 이에 대한 해결책으로 손으로 쓴 대본 2부를 접수하는 것을 제안하고 있다. 실제로 극단 에저또가 1973년 한국예술윤리위원회에서 제출한 대본 이용락 작 〈돼지들의 산책〉 경우 자필로 쓴 대본이다. 「공연분야 관련 공륜에 바란다」, 《공연윤리》, 1978년 10월호, 2~3쪽.

[표 V-3] 1978년 기준 한국공연윤리위원회 대본심의 절차

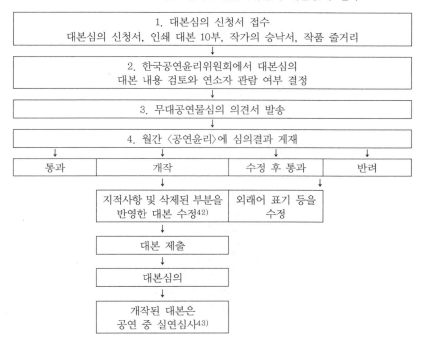

3) 문화공보부 대본심사

1963년 개정된 공연법(법률 제1306호)부터 공연하고자 하는 모든 대본 및 각본은 사전심사를 받아야만 했다. 공연하고자 하는 지역이 전

---

42) 개작 요청을 받은 대본의 심사 과정에 관한 것은 본 연구자가 극작가 김광림과의 인터뷰를 통해 얻은 정보를 바탕으로 정리한 것이다. 김광림. (2017년 8월 24일). 정주영 개인인터뷰.

43) 공연법 제17조 공연의 정지에 관한 조항에는 "심사에 합격한 각본 또는 대본의 내용과 상위한 공연을 한 때"에는 관계행정관청은 그 공연을 정지 또는 중지시킬 수 있다. 이 조항을 바탕으로 한국공연윤리위원회에서 개작 지시 받은 대본들은 대부분 실연 심사를 받았다. 김광림. (2017년 8월 24일). 정주영 개인인터뷰.

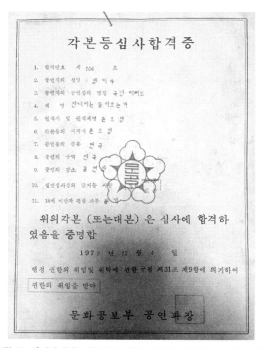

[그림 V-5] 〈잔네비는 돌아오는가〉의 각본심사합격증 - 소장 방태수

국일 경우 공연자등록 신청과 같이 문화공보부 장관에게 대본심사를 받아야 한다. 그러나 공연하고자 하는 지역이 1개 시·도 한 곳일 경우 서울특별시장이나 부산광역시장 등 도지사가 심사 기관이 되었다. 대본심사는 대본심의 이후 절차이다. 이처럼 1970년대 공연 하고자 하는 대본은 사전심의와 심사 등 이중 심사를 통과해야만 했다.

[표 V-4]는 대본심사 절차에 관한 사항이다. 대본심사 절차는《공연윤리》에 게재된 대본 심사에 대한 내용을 참고 하였다.44)

---

44) 「공연자용 신고절차 해설」, 《공연윤리》, 1977년 6월호, 4쪽.

[표 V-4] 대본심사 절차

1. 서류 준비 각본심사 신청서 1부, 각본 및 대본 3부, 대본의 개요서 및 가사 및 악보 1부(필요시에 한함), 저작자의 사용승인서 1부, 공연윤리위원회 심의의견서 1부, 대학 총학장, 학교장의 공연 승인서 1부(학생의 경우), 수입증지 500원

↓

2. 문화공보부 장관에 제출

↓

3. 서류 검토 접수된 신청서는 공연윤리위원회의 심의 의견서, 각본 또는 대본, 저작권 관계 및 공연법상의 금지 사항 등을 검토. 등록청이 필요하다고 인정할 때에는 실연심사를 하도록 되어 있음.

↓

4. 합격증 교부 후 신청인에 전달

4) 공연신고, 관람료인가 신청

공연신고는 "공연자가 공연을 할 때에는 그 공연지를 관할하는 서울특별시장, 부산시장, 또는 시장, 군수에게 신고하여야 한다"라는 공연법 조항에 따라 진행되었다.45) 공연은 신고한 내용(일시, 장소, 시간 등)과 반드시 일치해야 했다.46)

관람료인가 신청이 필요한 경우는 문화공보부의 고시액47)을 초과

___

45) ①공연자가 공연을 하고자할 때에는 그 공연지를 관할하는 서울특별시장·부산시장 또는 시장이나 군수에게 신고하여야 한다. 공연을 중지, 재개 또는 종료한 때에도 또한 같다. ②제1항의 신고에 관하여 필요한 사항은 대통령령으로 정한다. 제14조 공연신고, 국가법령정보센터(http://www.law.go.kr/법령/공연법/(19751231,02884,1975 1231)/제14조, 2017.11.21.)

46) 「공연자용 신고절차 해설」, 《공연윤리》, 1977년 6월호, 4쪽.

47) 1973년 관보에는 문화공보부고시 제233호(관람료의 한도액 및 인가에 관한건 중 개정 의견)을 싣고 있다. 이에 관한 개정은 1979년에 다시 한 번 이루어진다. 극단 연우무대의 1978년 공연의 경우, 제작비에 관한 한국연극협회의 확인 사항을 확인할 수 없기 때문에, 구체적인 고시액 초과분을 확인할 수는 없었다. 다음은 문화공보부의 고시액

할 때이다. 관람료인가 신청이 필요한 경우 한국연극협회에서 제작비 증명서를 발급 받아야 했다.

에 관한 사항이다.
1. 영화이외의 공연물일 경우
  가. 공연비(해당협회 인정분에 한함. 다만, 해당협회가 없을 때에는 공연자 작성분으로 함)
    1) 300만원이상 400만원 미만은 신고한도액의 20%
    2) 400만원 이상 500만원 미만은 신고한도액의 40%
    3) 500만원 이상 600만원 미만은 신고한도액의 60%
    4) 600만원 이상 700만원 미만은 신고한도핵의 80%
    5) 700만원 이상 매 100만원 초과시마다 전호의 관람료를 기준으로 하여 신고한도액의 10%의 누진비율에 의한다.
  나. 공연시간
    1) 3시간 이상 4시간 미만은 신고한도액의 30%
    2) 4시간 이상 5시간 미만은 신고한도액의 50%
    3) 5시간 이상은 신고한도액의 80%
  다. 신고요금으로 계산하여 관람좌석의 80%에 해당하는 총 공연수입이 공연비에 미달된다고 인정될 때
    1) 총 공연이 2회 이내로 공연이 끝날 경우 신고한도액의 30%
    2) 1일 2회 이내 공연하는 공연물일 경우 신고한도액의 30%
    3) 1일 3회 이상 공연하는 공연물일 경우 신고한도액의 20%
4. 인가요금을 인가함에 있어 전 1,2,3항 중 대한영화(70미리)를 제외하고 2호 공히 해당하는 공연물인 때에는 관람료의 최고액을 산축할 수 있는 1호만을 적용한다.
5. 인가요금을 인가함에 있어 10단위 미만의 원(9원 이하)이 산출될 때에는 이를 공제하고 인기할 수 있다.
6. 인가요금 신청자가 인가기준에 의하여 산출되는 금액보다 적은 관람요금을 인가받고자 할 때에는 그 금액을 인가하여야 한다. 대한민국정부, 《관보》, 1973년 6월호, 3~5쪽.

공 연 신 고 서

공연법 제14조 및 동시행령 제22조의 규정에 의하여 다음과 같이 공연함을 신고합니다.

1. 공연자의 성명 姜 桂 植
2. 공연장의 명칭 극단 "대하"
3. 공연물의 종류 연 극
4. 공연물의 제명 "아침에는 늘 혼자예요"
5. 영화검열 합격증또는 각본등 조사합격증의 번호 78-24
6. 영화의 제작자 또는 수입자
7. 공 연 기 간 1978.3월15~21일 외
8. 공연의 장소 공간사랑 (비원 옆)
9. 관 람 료 1,200원 (예매 1,000원)

1978. 3. 14.

주 소 성북구 보문동1가 170호(통 반)
신청인 姜 桂 植 ㊞
전화번호 ( )

서 울 특 별 시 장 귀하

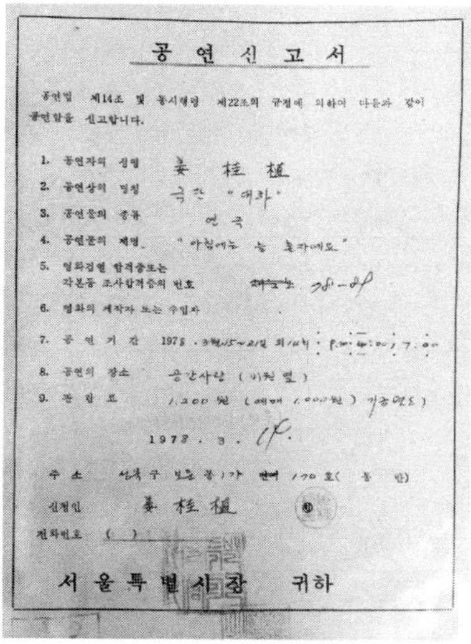

[그림 V-6] 〈아침에는 늘 혼자예요〉
공연신고서 – 연우무대 소장

공 연 신 고 안 내 서

구 비 서 류	통수	작 성 요 령	발 급 처	준 비 사 항
등록수첩또는등록증	1	(선국) 문화공보부장관 작성 (지) 서울특별시장작성	문화공보부 예술2과 시청공보실	발부된 등록수첩
영화검열합격증	1	문화공보부장관발행	문 공 부 예술2과	
각본 및 심사합격증	1	〃	〃	
출연자명단	1	공연주 작성	신 청 인	
외국인공연허가서	1	문화공보부장관발행	문화공보부 예술2과	
공연시간 및 회수	1	공연주 본인 작성	신 청 인	

처리과정	접 사 처	시 민 과	처리주무과	공보실공보계
	경 유		협 조	
	조 회		처음결재	담 당 자
	재조공부		미시재장	
	현 장 조사사항			
	처리과정 도 표	접수→내조검토→결재→통계→관인→교부		
처 리 기 간		4 근무시간	처 분 청	서울특별시장
수 수 료			면 허 세	
관 계 법 규		공연법 제 14조 동시행령 제50조		
유 의 사 항		공연 1일전에 신고할것.		

[그림 V-7] 공연신고안내서
– 연우무대 소장

관 람 료 인 가 신 청 서

공연법 제15조 제2항 단서 및 동시행령 제23조의 규정에 의하여 다음과 같이 관람료 인가를 신청합니다.

1. 공연자등록번호 제 561 호
2. 성 명 姜 桂 植
3. 상 호 극단 "大河"
4. 공연물의 제명 "아침에는 늘 혼자예요"
5. 공연물의 종류 연극
6. 공연의 구역 서울
7. 공연의 장소 공간사랑 (비원 옆)
8. 관 람 료 1,200원 (예매 1,000원)
9. 인가신청사유(별첨)

1978. 3. .

주 소 성북구 보문동1가 170호(통 반)
신청인 姜 桂 植 ㊞
전화번호 ( )

서 울 특 별 시 장 귀하

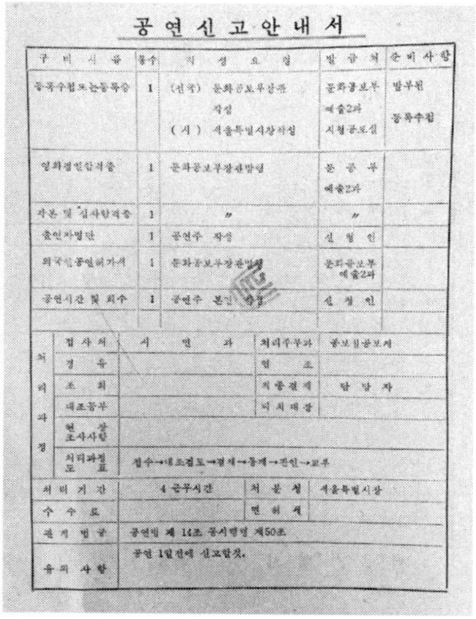

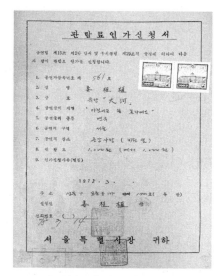

[그림 V-8] 관람료인가신청서
– 연우무대 소장

[표 Ⅴ-5] 공연신고 절차

1. 제출 서류 공연신고서 2통, 출연자 명부 2통, 대본심사 합격증 및 대본 1통, 공연자등록증(비공연자의 공연은 예외), 계약서 2통(유흥업소의 경우에 한함), 외국인 공연허가서(외국인 공연의 경우에 한함), 관람료 인가 신청서
↓
2. 서울특별시장에 신고
↓
3. 서류 대조 검토
↓
4. 결재
↓
5. 통제: 가부(可否) 결정
↓
6. 관인
↓
7. 공연신고처리부에 등재
↓
8. 공연신고필증 교부

관람료인가 신청 처리 과정은 공연신고 처리 과정 중에 진행되었기 때문에 구체적인 절차는 생략하였다.

3. 1970년대 소극장 연극 환경(공연법) 데이터

1970년대 소극장 연극 환경(공연법)에 관한 데이터는 공연법과 행정 자료, 보도 자료에서 수집할 수 있었다. 1961년에서 1977년까지 총 20번 개정된 공연법, 공연법시행령, 공연법시행규칙의 각 조항은 환경(공연법) 데이터에 해당한다. 그리고 1970년대 소극장 연극에 영향을 미친 기관은 대본 심의를 담당한 한국공연윤리위원회와 전국구 공연

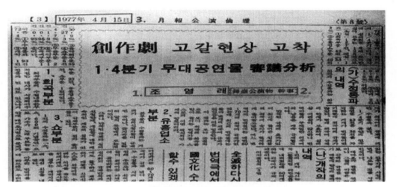

【3】 1977年 4月 15日 3. 月報公演倫理

創作劇 고갈현상 고착

1·4분기 무대공연물 審議分析

1. 조 영 래

[그림 V-9] 한국공연윤리위원회 인명정보

을 하는 단체의 공연자등록과 각본 및 대본심사를 담당한 문화공보부이다. 그러나 연극 심의와 심사 과정과 결과를 파악할 수 있는 구체적인 자료는 창작자 개인이 소장하는 경우가 많아 소재 파악이 쉽지 않았다.[48] 따라서 1970년대 소극장 연극 환경(공연법)에 관한 데이터의 수집과 정리는 공연법에 관한 보도 자료와 한국공연윤리위원회가 발행한 《공연윤리》와 서울시 공공 데이터 개방으로 수집된 17개 극단의 공연자등록 신청 서류를 참고하였다.

[그림 V-10]은 《공연윤리》에 실린 무대공연물 간사 조영래가 기고한 글의 일부이다. 1.은 인명 정보이고, 2.는 그가 담당하고 있는 역할에 관한 정보이다. 3.은 글을 기고하였던 시기에 관한 것으로 조영래의 재직 시기를 추측할 수 있었다.

48) 대본 심의용으로 제출했던 대본은 한국문화예술위원회 직원이었던 〈새타니〉의 작가이자 시인인 박제천의 노력으로 예술자료원에 소장 중이다. 박제천은 한국공연윤리위원회 담당자를 설득해 심의 대본을 마이크로필름으로 촬영 했다고 한다. 그러나 반려나 개작 요구를 받은 대본까지 공개하는 것은 불가능했다고 한다. 그 외 대본은 현재 대학로 예술자료원에서 열람할 수 있다. 한국문화예술위원회, 앞의 책, 217쪽.

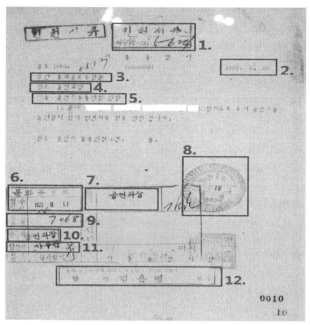

[그림 V-10] 극단 에저또 공연자등록 신청 전달 서류

공연자등록 자료에는 행정 사무를 처리하였던 사무관, 국장 등의 이름이 포함되어 있었다.

[그림 V-11]는 서울시청 시민과에서 극단 에저또 공연자등록 신청서를 문화공보부에 발송하는 공문이다. 1.은 이 서류의 신청기한 정보이다. 2.는 공문 작성 날짜 정보이다. 3.은 이 서류의 수신자가 문화공보부라고 표기하고 있는 부분이다. 4.는 참조 대상이 공연과장이라고 표기되어 있다. 5.는 이 공문의 제목 정보에 해당하는 "공연자등록 신청 전달"이다. 6.은 문화공보부에서 이 공문을 접수한 일자에 해당한다. 7.은 이 공문의 결재 담당자에 관한 정보이다. 8.은 공문이 공연과장의 결재를 거쳐 다시 서울시청으로 발신되는 날짜 정보를 알려주

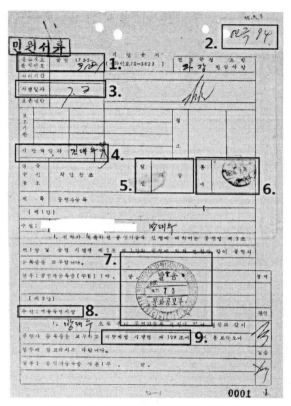

[그림 V-11] 극단 에저또 공연자등록 기안서류

고 있다. 9.는 공문이 문화공보부로 넘어 왔을 때의 접수 번호이다. 10.은 공문을 담당하는 주무관에 관한 정보이다. 11은 담당자의 서명 정보이다. 12.는 문화공보부 공연과장 전결 관인인데 공연과장의 이름이 표기되어 있다.

[그림 V-11]과 [그림 V-12]에서 수집한 정보를 데이터로 정리하면 [표 V-6], [표 V-7]과 같다. 그리고 [표 V-8]은 전체 환경(공연법) 데이터에 관한 것이다.

[표 V-6] 문화공보부 → 서울시청의 공연자등록 처리 데이터

제목	공연자등록 신청_극단 에저또
신청극단	에저또
공연자등록증 번호	제94호
문서번호	공연 1732-9181
발신	문화공보부
수신	서울특별시장
발신일자	1975.7.3
공연자등록 시행일자	1975.7.3
공연자등록 신청날짜	1975.6.12
공연자등록신청 처리날짜	1975.7.3
신고자	방태수
기안책임자	김대수
처리기관	문화공보부, 서울특별시청

[표 V-7] 서울시청 → 문화공보부로의 공연자등록 신청서 발송 데이터

극단	에저또
발송날짜	1975.6.16
발송	서울특별시
수신	문화공보부 장관
문서번호	공보 1740-0513
처리기한	1975.6.24
접수일시	1975.6.17
접수번호	7068
결재	공연과장
결재자명	김용명

[표 V-8] 전체 환경(공연법) 데이터

환경(공연법) 데이터	항목	수량	출처
환경_공연법	조문/링크/시행/개정	65	국가법령정보센터
환경_공연법시행령	조문/링크/제정·개정년도	224	〃
환경_공연법시행규칙	조문/링크/제정·개정년도	45	〃
환경_기사	제목/링크/일자/매체/작성	445	네이버 뉴스 라이브러리
환경_인물	인명/소속/역할/본업/임명날짜_재직기간	89	서울시청, 《공연윤리》, 네이버 뉴스 라이브러리
환경_기관단체	기관단체명/설립연도/부서/담당업부	7	네이버 뉴스 라이브러리
환경_기록물	기록물명/유형/극단및단체	238	서울시청
환경_공연자등록기안문서	극단/공연자등록증번호/공연자등록유효기간/문서번호/발신/수신/발신일자/시행일자/신청날짜/처리날짜/신고자/기안책임자	19	서울시청
환경_공연자등록신청서 전달	극단/발송날짜/발송/수신/문서번호/처리기한/접수일시/접수번호/결재/공연과장	10	서울시청
환경_공연자등록 추천서	극단/확인기관/확인내용/날짜	10	서울시청
환경_공연자등록신청첨부서류	극단/정관/전속출연자명단/전속계약서/확인기관	13	서울시청
합계		1165	

제6장

1970년대 소극장 시맨틱 아카이브 구현

1. 온톨로지 설계

1970년대 소극장 연극 시맨틱 아카이브는 온톨로지 설계에 따라 축적된 데이터를 통해 구현된다. 온톨로지는 앞서 수집·정리한 데이터를 바탕으로 설계 되었다. 공연, 작품, 개념/용어, 환경(공연법)네 개 영역에서 수집된 데이터는 공통된 유형에 따라 클래스로 범주화되었다. 그 다음 클래스와 클래스의 관계를 설정하는 링크 데이터를 설계하고, 이를 기반으로 1970년대 소극장 연극에 관한 공연 모델과 행위 모델, 심사(사건)모델, 기록 모델을 개념화 하였다.

1) 클래스 설계

1970년대 소극장 연극과 환경(공연법)에 관한 데이터는 공연, 작품, 인물, 단체, 등장인물, 개념/용어, 공연법, 기록물, 연구문헌, 사건 클래스로 범주화 되었다.

공연 클래스에는 실제 공연에 해당하는 데이터를 범주화한 것이다. 작품 클래스는 공연의 개별적 요소인 희곡, 무대 디자인, 음악, 연출 방식, 연기법 등에 관한 데이터를 범주화한 것이다. 인물 클래스는 연극 창작 관여하거나 연극 환경에 속하는 인물을 포함한다. 단체 클래스는 특정한 목적에 따라 구성된 단체 데이터를 범주화한 것이다. 개

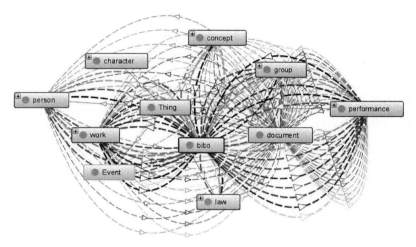

[그림 VI-1] 클래스 설계 개념도

념/용어 클래스는 부연 설명이 필요한 개념, 용어와 같은 데이터를 범
주화한 것이다. 공연법 클래스는 공연법, 공연법시행령, 공연법시행
규칙과 같은 공연법령을 포함한다. 기록물 클래스는 공연과 공연법
절차에서 생산된 프로그램, 티켓, 리플렛, 포스터, 공연대본, 연출노
트, 공연 사진과 같은 기록물을 범주화한 것이다. 연구문헌 클래스는
공연, 작품과 관련한 연구 자료와 출판물을 범주화한 것이다. 등장인
물 클래스는 작품에 표현되는 허구의 인물 및 다양한 방식의 캐릭터를
포함한다. 사건 클래스는 소극장 연극에 관련 있는 사건 및 대본심의
와 심사, 공연자등록과 같은 심사 절차에 해당하는 데이터를 범주화
하였다.

(1) 공연

[표 VI-2] 공연 클래스

이름	Class: theater:Performance
설명	"특정 공간과 시간에 수행된 공연을 의미한다." @ko
라벨	"Performance" @en "공연" @ko
URI	http://dh.aks.ac.kr/ontologies/theater#Performance

(2) 작품

[표 VI-3] 작품 클래스

이름	Class: theater:Work
설명	"공연에 포함된 개별 작품을 의미한다. 희곡, 디자인, 음악, 움직임, 연출 스타일, 의상, 소품 등이 이에 해당한다." @kr
라벨	"Work" @en "작품" @ko
URI	http://dh.aks.ac.kr/ontologies/theater#Work

(3) 등장인물

[표 VI-4] 등장인물 클래스

이름	Class: theater:Character
설명	"작품에 등장하고, 실제 공연에서 배우에 의해 연기되는 등장인물이다." @kr
라벨	"Character" @en "등장인물" @ko
URI	http://dh.aks.ac.kr/ontologies/theater#Character

(4) 기록물

[표 VI-5] 기록물 클래스

이름	Class: theater:Document
설명	"공연 창작과 공연법 절차에서 생산된 다양한 유형의 기록물을 포함한다." @ko
라벨	"Document" @en "기록물" @ko
URI	http://dh.aks.ac.kr/ontologies/theater#Document

(5) 인물

[표 VI-6] 인물 클래스

이름	Class: theater:Person
설명	"공연 과정과 공연법 절차에 참여한 인물이다." @ko
라벨	"Person" @en "인물" @ko
URI	http://dh.aks.ac.kr/ontologies/theater#Person

(6) 단체

[표 VI-7] 단체 클래스

이름	Class: theater:Group
설명	"공연 창작 및 공연 환경에 관여한 단체이다." @ko
라벨	"Group" @en "단체" @ko
URI	http://dh.aks.ac.kr/ontologies/theater#Group

(7) 공연법

[표 VI-8] 공연법 클래스

이름	Class: theater:Law
설명	"공연법에 해당하는 각 법령을 포함한다." @ko
라벨	"Law" @en "공연법" @ko
URI	http://dh.aks.ac.kr/ontologies/theater#Law

(8) 연구문헌

[표 VI-9] 연구문헌 클래스

이름	Class: theater:Bibo
설명	"공연과 공연법에 관계있는 연구 자료와 출판물이다." @ko
라벨	"Bibo" @en "연구문헌" @ko
URI	http://dh.aks.ac.kr/ontologies/theater#Bibo

(9) 개념/용어

[표 VI-10] 개념/용어 클래스

이름	Class: theater:Concept
설명	"개념 및 용어이다." @ko
라벨	"Concept" @en "개념/용어" @ko
URI	http://dh.aks.ac.kr/ontologies/theater#Concept

(10) 사건

[표 VI-11] 사건 클래스

이름	Class: theater:Event
설명	"특정 시간과 공간에 발생한 어떠한 일이다." @ko
라벨	"Event" @en "사건" @ko
URI	http://dh.aks.ac.kr/ontologies/theater#Event

2) 관계성 설계

(1) 공연 모델

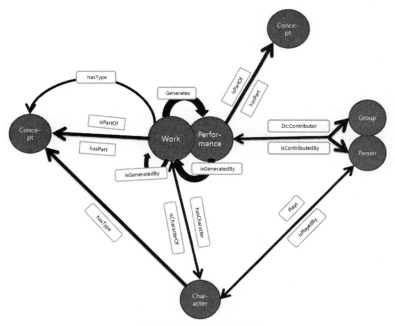

[그림 VI-2] 공연 모델 개념도

공연 모델은 다음과 같은 공연 활동을 개념화한 것이다. 공연은 개별 작품들의 조합으로 이루어진다. 작품은 등장인물이 표현되고, 등장인물은 인물에 의해 연기된다. 작품과 공연, 등장인물은 특정 유형으로 표현될 수 있다.

이름	Class: theater:Work
설명	"공연에 포함된 개별 작품을 의미한다. 희곡, 디자인, 음악, 움직임, 연출 스타일, 의상, 소품 등이 이에 해당한다." @kr
라벨	"Work" @en "작품" @ko
URI	http://dh.aks.ac.kr/ontologies/theater#Work

이름	Class: theater:Character
설명	"작품에 등장하고, 실제 공연에서 배우에 의해 연기되는 등장인물이다" @kr
라벨	"Character" @en "등장인물" @ko
URI	http://dh.aks.ac.kr/ontologies/theater#Character

이름	Class: theater:Person
설명	"공연 과정과 공연법 절차에 참여한 인물이다." @ko
라벨	"Person" @en "인물" @ko
URI	http://dh.aks.ac.kr/ontologies/theater#Person

이름	Class: theater:Group
설명	"공연 창작 및 공연 환경에 관여한 단체이다" @ko
라벨	"Group" @en "단체" @ko
URI	http://dh.aks.ac.kr/ontologies/theater#Group

이름	Class: theater:Concept
설명	"개념과 용어이다." @ko
라벨	"Concept" @en "개념/용어" @ko
URI	http://dh.aks.ac.kr/ontologies/theater#Concept

이름	Object Property: theater:hasPerformanceDefines
설명	"본 오프젝트 프로퍼티는 공연 모델을 연결한다." @ko
라벨	"hasPerformanceDefines" @en "공연모델" @ko
URI	http://dh.aks.ac.kr/ontologies/theater#hasPerformanceDefines
Domain	owl:Thing
Range	theater:Work theater:Performance
이름	Object Property: theater:Generates
설명	"본 오브젝트 프로퍼티는 작품이 공연화 되는 것을 서술한다." @kr
라벨	"Generates" @en "파생되다" @ko
URI	http://dh.aks.ac.kr/ontologies/theater#Generates
Domain	theater:Work
Range	theater:Performance theater:Work
이름	Object Property: theater:isGeneratedBy
설명	"본 오브젝트 프로퍼티는 공연이 작품에서 파생되었음을 서술한다." @kr
라벨	"isGeneratedBy" @en "파생관계" @ko
URI	http://dh.aks.ac.kr/ontologies/theater#isGeneratedBy
Domain	theater:Work

	theater:Performance
Range	theater:Work
Inverse Of	theater:Generates
이름	Object Property: theater:dc:Contributor
설명	"본 오브젝트 프로퍼티는 공연과 작품, 기록물, 개념/용어, 사건에 기여한 모든 인물과 단체를 연결한다." @ko
라벨	"dc:Contributor" @en "기여자" @ko
URI	http://dh.aks.ac.kr/ontologies/theater#dc:Contributor
Domain	theater:Work theater:Document theater:Concept theater:Performance theater:Event
Range	theater:Person theater:Group
Inverse Of	theater:isContributedBy
이름	Object Property: theater:isContributedBy
설명	"본 오브젝트 프로퍼티는 기여자인 인물과 단체를 공연, 작품, 공연기록물, 개념/용어, 사건과 연결한다." @ko
라벨	"isContributedBy" @en "기여자이다" @ko
URI	http://dh.aks.ac.kr/ontologies/theater#dc:Contributor
Domain	theater:Person theater:Group
Range	theater:Work theater:Document theater:Concept theater:Performance theater:Event
Inverse Of	theater:dc:Contributor
이름	Object Property: theater:plays

설명	"본 오브젝트 프로퍼티는 인물이 등장인물을 연기하였음을 서술한다." @kr
라벨	"playes" @en "연기한다" @ko
URI	http://dh.aks.ac.kr/ontologies/theater#plays
Domain	theater:Person
Range	theater:Character
Inverse Of	theater:isPlayedby
이름	Object Property: theater:isPlayedby
설명	"본 오브젝트 프로퍼티는 등장인물이 인물에 의해 연기되고 있음을 서술한다." @kr
라벨	"isplayedBy" @en "연기되었다" @ko
URI	http://dh.aks.ac.kr/ontologies/theater#isPlayedby
Domain	theater:Character
Range	theater:Person
Inverse Of	theater:playes
이름	Object Property: theater:isCharacterOf
설명	"본 오브젝트 프로퍼티는 등장인물이 작품에 속하는 것을 서술한다." @kr
라벨	"isCharacterOf" @en "등장인물이다" @ko
URI	http://dh.aks.ac.kr/ontologies/theater#isCharacterOf
Domain	theater:Character
Range	theater:Work
Inverse Of	theater:hasCharacter
이름	Object Property: theater:hasCharacter
설명	"본 오브젝트 프로퍼티는 작품에 등장인물이 표현됨을 서술한다." @kr

라벨	"hasCharacter" @en "등장인물" @ko
URI	http://dh.aks.ac.kr/ontologies/theater#hasCharacter
Domain	theater:Work
Range	theater:Character
Inverse Of	theater:isCharacterOf
이름	Object Property: theater:isPartOf
설명	"본 오브젝트 프로퍼티는 부분 관계를 서술한다." @kr
라벨	"isPartOf" @en "일부이다" @ko
URI	http://dh.aks.ac.kr/ontologies/theater#isPartOf
Domain	owl:Thing
Range	owl:Thing
Inverse Of	theater:hasPart
이름	Object Property: theater:hasPart
설명	"본 오브젝트 프로퍼티는 포함 관계를 서술한다." @kr
라벨	"hasPart" @en "포함한다" @ko
URI	http://dh.aks.ac.kr/ontologies/theater#hasPart
Domain	owl:Thing
Range	owl:Thing
Inverse Of	theater:isPartOf
이름	Object Property: theater:hasType
설명	"본 오브젝트 프로퍼티는 작품, 등장인물, 공연 등의 유형 정보를 서술한다." @kr
라벨	"hasType" @en "유형" @ko
URI	http://dh.aks.ac.kr/ontologies/theater#hasType
Domain	theater:Work

	theater:Charatcer theater:Performance
Range	theater:Concept
Inverse Of	theater:isTypeOf
이름	Data Property:hasStartTimeValue
설명	"본 데이터 프로퍼티는 시작 시간 정보를 연결한다." @ko
라벨	"hasStartTimeValue" @en "사건발생시작시간" @ko
URI	http://dh.aks.ac.kr/ontologies/#hasStartTimeValue
Domain	owl:Thing
Range	rdf:PlainLiteral
Subproperty Of	hasTimeValue
이름	Data Property:hasEndTimeValue
설명	"본 데이터 프로퍼티는 종료 시간 정보를 입력한다." @ko
라벨	"hasEndTimeValue" @en "사건발생종료시간" @ko
URI	http://dh.aks.ac.kr/ontologies/#hasEndTimeValue
Domain	owl:Thing
Range	rdf:PlainLiteral
이름	Data Property:hasPremiere
설명	"본 데이터 프로퍼티는 작품의 초연 정보를 입력한다." @ko
라벨	"hasPremiere" @en "초연" @ko
URI	http://dh.aks.ac.kr/ontologies/#hasPremiere
Domain	owl:Thing
Range	rdf:PlainLiteral
Subproperty Of	hasTimeValue
이름	Data Property: theater:hasSpaceValue
설명	"본 오브젝트 프로퍼티는 공간 정보를 입력한다." @kr

라벨	"hasSpaceValue" @en "공간정보" @ko
URI	http://dh.aks.ac.kr/ontologies/theater#hasSpace
Domain	owl:Thing
Range	rdf:PlainLiteral

(2) 행위 모델

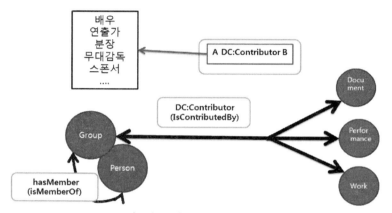

[그림 Ⅵ-3] 행위 모델 개념도

행위 모델은 단체와 인물이 공연, 작품, 기록물과 관련하여 수행한 구체적인 역할을 개념화한 것이다. 행위 모델은 DC(Dublin Core)[1]의 기여자(Contributor)개념[2] 을 적용하였다.

---

1) 더블린 코어(Dublin Core)는 ISO 15836으로 표준화된 메타데이터 요소 집합이다. 다시 말해서, 이 표준은 메타데이터들에서 사용되는 기초적인 관례들을 표준화하여 검색 및 처리가 용이하도록 만들진 것이다. 위키백과(https://ko.wikipedia.org/wiki/%EB%8D%94%EB%B8%94%EB%A6%B0_%EC%BD%94%EC%96%B4, 2017.11.5.)

2) DC(Dublin Core)의 Contributor는 자원을 생산하는데 기여한 인물, 단체를 포괄하는 개념이다. Dubin Core(http://dublincore.org/documents/dces, 2017.11.21.)

이름	Class: theater:Performance
설명	"특정 시·공간에서 수행된 공연을 의미한다."@ko
라벨	"Performance"@en "공연"@ko
URI	http://dh.aks.ac.kr/ontologies/theater#Performance

이름	Class: theater:Person
설명	"공연 과정과 공연법 절차에 참여한 인물이다."@ko
라벨	"Person"@en "인물"@ko
URI	http://dh.aks.ac.kr/ontologies/theater#Person

이름	Class: theater:Group
설명	"공연 창작 및 공연 환경에 관여한 단체이다."@ko
라벨	"Group"@en "단체"@ko
URI	http://dh.aks.ac.kr/ontologies/theater#Group

이름	Class: theater:Work
설명	"공연에 포함된 개별 작품을 의미한다. 희곡, 디자인, 음악, 움직임, 연출 스타일, 의상, 소품 등이 이에 해당한다."@kr
라벨	"Work"@en "작품"@ko
URI	http://dh.aks.ac.kr/ontologies/theater#Work

이름	Object Property: theater:dc:Contributor
설명	"본 오브젝트 프로퍼티는 공연과 작품, 공연기록물, 개념/용어에 기여한 인물과 단체를 연결한다."@ko
라벨	"dc:Contributor"@en "기여자"@ko
URI	http://dh.aks.ac.kr/ontologies/theater#dc:Contributor
Domain	theater:Work

	theater:Document theater:Performance
Range	theater:Person theater:Group
Inverse Of	theater:isContributedBy
이름	Object Property: theater:isContributedBy
설명	"본 오브젝트 프로퍼티는 기여자인 인물과 단체를 공연, 작품, 공연기록물, 개념/용어와 연결한다." @ko
라벨	"isContributedBy" @en "기여자이다" @ko
URI	http://dh.aks.ac.kr/ontologies/theater#dc:Contributor
Domain	theater:Person theater:Group
Range	theater:Work theater:Document theater:Performance
Inverse Of	theater:dc:Contributor
이름	Object Property: theater:Creates
설명	"본 오브젝트 프로퍼티는 창작 주체가 창작물을 생산했음을 연결한다." @kr
라벨	"Creates" @en "창작했다" @ko
URI	http://dh.aks.ac.kr/ontologies/theater#Creates
Domain	theater:Person theater:Group
Range	theater:Work theater:Document theater:Performance
SubProperty Of	theater:dc:Contributor
Invers Of	theater:isCreatedBy
이름	Object Property: theater:isCreatedBy

설명	"본 오브젝트 프로퍼티는 창작물이 창작주체에 의해 생산되었음을 연결한다." @kr
라벨	"isCreatedeBy" @en "" @ko
URI	http://dh.aks.ac.kr/ontologies/theater#isCreatedBy
Domain	theater:Work theater:Document theater:Performance
Range	theater:Person theater:Group
SubProperty Of	theater:isContributedBy
Invers Of	theater:creates
이름	Object Property: theater:hasAuthor
설명	"본 오브젝트 프로퍼티는 주체가 대상의 작가임을 연결한다." @kr
라벨	"hasAuthor" @en "작가이다" @ko
URI	http://dh.aks.ac.kr/ontologies/theater#hasAuthor
Domain	theater:Work theater:Performance
Range	theater:Person
SubProperty Of	theater:dc:Contributor
Invers Of	theater:isAuthorOf
이름	Object Property: theater:hasAdaptor
설명	"본 오브젝트 프로퍼티는 주체가 대상의 각색자임을 서술한다." @kr
라벨	"hasAdaptor" @en "각색자이다" @ko
URI	http://dh.aks.ac.kr/ontologies/theater#hasAuthor
Domain	theater:Work

	theater:Performance
Range	theater:Person
SubProperty Of	theater:dc:Contributor
Invers Of	theater:isAdaptorOf
이름	Object Property: theater:hasBoxOffice
설명	"본 오브젝트 프로퍼티는 주체가 대상의 예매처임을 연결한다." @kr
라벨	"hasBoxOffice" @en "예매처이다" @ko
URI	http://dh.aks.ac.kr/ontologies/theater#hasBoxOffice
Domain	theater:Performance
Range	theater:Group
SubProperty Of	theater:dc:Contributor
Invers Of	theater:isBoxOfficeOf
이름	Object Property: theater:hasTranslator
설명	"본 오브젝트 프로퍼티는 주체가 대상의 번역자임을 연결한다." @kr
라벨	"hasTranslator" @en "번역자" @ko
URI	http://dh.aks.ac.kr/ontologies/theater#hasTranslator
Domain	theater:Performance theater:Work theater:Bibo theater:Document
Range	theater:Group theater:Person
SubProperty Of	theater:dc:Contributor
Invers Of	theater:isTranslatorOf

Object Property: theater:dc:contributor 세부 내역			
Domain	theater:Performance		
Range	theater:Person theater:Group		
이름	라벨@ko	라벨@en	URI
Object Property: theater:hasAssi stantDirector	조연출	hasAssistant Director	http://dh.aks.ac.kr/ontologies/ theater#hasAssistantDirector
Object Property: theater:hasCasti ngDirector	캐스팅	hasCastingDir ector	http://dh.aks.ac.kr/ontologies/ theater#hasCastingDirector
Object Property: theater:hasChar geofMusic	음악담당	hasChargeof Music	http://dh.aks.ac.kr/ontologies/ theater#hasChargeofMusic
Object Property: theater:hasChor eographer	안무	hasChoreogra pher	http://dh.aks.ac.kr/ontologies/ theater#hasChoreographer
Object Property: theater:hasCo- Director	연출협력	hasCo-Direct or	http://dh.aks.ac.kr/ontologies/ theater#hasCo-Director
Object Property: theater:hasCom poser	작곡	hasComposer	http://dh.aks.ac.kr/ontologies/ theater#hasComposer
Object Property: theater:hasCost umeDesigner	의상 디자이너	hasCostumeD esigner	http://dh.aks.ac.kr/ontologies/ theater#hasCostumeDesigner
Object Property: theater:hasDang aPerformer	단가	hasDangaPerf ormer	http://dh.aks.ac.kr/ontologies/ theater#hasDangaPerformer
Object Property: theater:hasDesi gner	디자이너	hasDesigner	http://dh.aks.ac.kr/ontologies/ theater#hasDesigner
Object Property:	연출	hasDirector	http://dh.aks.ac.kr/ontologies/

theater:hasDire ctor			theater#hasDirector
Object Property: theater:hasEdit orialDesigner	편집 디자이너	hasEditorialD esigner	http://dh.aks.ac.kr/ontologies/ theater#hasEditorialDesigner
Object Property: theater:hasHous eManager	진행	hasHouseMan ager	http://dh.aks.ac.kr/ontologies/ theater#hasHouseManager
Object Property: theater:hasInstr umentalist	연주자	hasInstrumen talist	http://dh.aks.ac.kr/ontologies/ theater#hasInstrumentalist
Object Property: theater:hasKosu	고수	hasKosu	hasKosu
Object Property: theater:hasLigh tingDesigner	조명 디자이너	hasLightingD esigner	hasLightingDesigner
Object Property: theater:hasMak eupArtist	분장	hasMakeupAr tist	hasMakeupArtist
Object Property: theater:hasMim eist	마임	hasMimeist	hasMimeist
Object Property: theater:hasMusi cDirector	음악감독	hasMusicDire ctor	hasMusicDirector
Object Property: theater:hasPans oriSinger	판소리	hasPansoriSi nger	hasPansoriSinger
Object Property: theater:hasPhot ographer	사진촬영	hasPhotograp her	hasPhotographer
Object Property: theater:hasPlan ner	기획	hasPlanner	hasPlanner

Object Property: theater:hasPosterDesignerB	포스터 디자이너	hasPosterDesignerB	hasPosterDesignerB
Object Property: theater:hasProducer	제작자	hasProducer	hasProducer
Object Property: theater:hasPropman	소품	hasPropman	hasPropman
Object Property: theater:hasSetBuilder	장치	hasSetBuilder	hasSetBuilder
Object Property: theater:hasSetDesigner	무대 디자이너	hasSetDesigner	hasSetDesigner
Object Property: theater:hasSijoPerformer	시조	hasSijoPerformer	hasSijoPerformer
Object Property: theater:hasSoundDesigner	음향	hasSoundDesigner	hasSoundDesigner
Object Property: theater:hasSponsor	스폰서	hasSponsor	hasSponsor
Object Property: theater:hasStageDirector	무대감독	hasStageDirector	hasStageDirector

Object Property: theater:isContributedBy 세부 내역			
Domain	theater:Person theater:Group		
Range	theater:Performance		
이름	라벨@ko	라벨@en	URI
Object Property:	조연출	isAssistantDi	http://dh.aks.ac.kr/ontologies/

theater:isAssistantDirectorOf	이다	rectorOf	theater#isAssistantDirectorOf
Object Property: theater:isCastingDirectorOf	캐스팅 디렉터 이다	isCastingDirectorOf	http://dh.aks.ac.kr/ontologies/ theater#isCastingDirectorOf
Object Property: theater:isChargeofMusicIn	음악담당 이다	isChargeofMusicIn	http://dh.aks.ac.kr/ontologies/ theater#isChargeofMusicIn
Object Property: theater:isChoreographerOf	안무이다	isChoreographerOf	http://dh.aks.ac.kr/ontologies/ theater#isChoreographerOf
Object Property: theater:isCo-directorOf	연출협력 이다	isCo-directorOf	http://dh.aks.ac.kr/ontologies/ theater#isCo-directorOf
Object Property: theater:isComposerOf	작곡가 이다	isComposerOf	http://dh.aks.ac.kr/ontologies/ theater#isComposerOf
Object Property: theater:isCostumeDesignerOf	의상 디자이너 이다	isCostumeDesignerOf	http://dh.aks.ac.kr/ontologies/ theater#isCostumeDesignerOf
Object Property: theater:isDangaPerformerOf	단가이다	isDangaPerformerOf	http://dh.aks.ac.kr/ontologies/ theater#isDangaPerformerOf
Object Property: theater:isDesignerOf	디자이너 이다	isDesignerOf	http://dh.aks.ac.kr/ontologies/ theater#isDesignerOf
Object Property: theater:isDirectorOf	연출이다	isDirectorOf	http://dh.aks.ac.kr/ontologies/ theater#isDirectorOf
Object Property: theater:isEditorialDesignerOf	편집 디자이너 이다	isEditorialDesignerOf	http://dh.aks.ac.kr/ontologies/ theater#isEditorialDesignerOf
Object Property: theater:isHouseM	진행이다	isHouseManagerOf	http://dh.aks.ac.kr/ontologies/ theater#isHouseManagerOf

anagerOf			
Object Property: theater:isInstru mentalistOf	연주자 이다	isInstrumenta listOf	http://dh.aks.ac.kr/ontologies/ theater#isInstrumentalistOf
Object Property: theater:isKosuOf	고수이다	isKosuOf	http://dh.aks.ac.kr/ontologies/ theater#isKosuOf
Object Property: theater:isLightin gDesignerOf	조명 디자이너 이다	isLightingDes ignerOf	http://dh.aks.ac.kr/ontologies/ theater#isLightingDesignerOf
Object Property: theater:isMakeup ArtistOf	분장사 이다	isMakeupArti stOf	http://dh.aks.ac.kr/ontologies/ theater#isMakeupArtistOf
Object Property: theater:isMimeist Of	마임이다	isMimeistOf	http://dh.aks.ac.kr/ontologies/ theater#isMimeistOf
Object Property: theater:isMusicDi rectorOf	음악감독 이다	isMusicDirect orOf	http://dh.aks.ac.kr/ontologies/ theater#isMusicDirectorOf
Object Property: theater:isPansori SingerOf	판소리 이다	isPansoriSing erOf	http://dh.aks.ac.kr/ontologies/ theater#isPansoriSingerOf
Object Property: theater:isPhotogr apherOf	사진촬영 이다	isPhotograph erOf	http://dh.aks.ac.kr/ontologies/ theater#isPhotographerOf
Object Property: theater:isPlanner Of	기획이다	isPlannerOf	http://dh.aks.ac.kr/ontologies/ theater#isPlannerOf
Object Property: theater:isPosterD esignerOf	포스터 디자이너 이다	isPosterDesig nerOf	http://dh.aks.ac.kr/ontologies/ theater#isPosterDesignerOf
Object Property: theater:isProduc erOf	제작이다	isProducerOf	http://dh.aks.ac.kr/ontologies/ theater#isProducerOf

Object Property: theater:isPropma nOf	소품이다	isPropmanOf	http://dh.aks.ac.kr/ontologies/ theater#isPropmanOf
Object Property: theater:isSetBuil derOf	장치이다	isSetBuilder Of	http://dh.aks.ac.kr/ontologies/ theater#isSetBuilderOf
Object Property: theater:isSetdesi gnerOf	무대 디자이너 이다	isSetdesigner Of	http://dh.aks.ac.kr/ontologies/ theater#isSetdesignerOf
Object Property: theater:isSijoPer formerOf	시조이다	isSijoPerform erOf	http://dh.aks.ac.kr/ontologies/ theater#isSijoPerformerOf
Object Property: theater:isSoundD esignerOf	음향 디자이너 이다	isSoundDesig nerOf	http://dh.aks.ac.kr/ontologies/ theater#isSoundDesignerOf
Object Property: theater:isSponso rOf	스폰서 이다	isSponsorOf	http://dh.aks.ac.kr/ontologies/ theater#isSponsorOf
Object Property: theater:isStageDi rectorOf	무대감독 이다	isStageDirect orOf	http://dh.aks.ac.kr/ontologies/ theater#isStageDirectorOf

이름	Object Property: theater:hasMember
설명	"본 오브젝트 프로퍼티는 주체는 대상의 구성원임을 연결한다." @kr
라벨	"hasMember" "구성원이다" @ko
URI	http://dh.aks.ac.kr/ontologies/theater#hasMember
Domain	theater:Group
Range	theater:Person
Invers Of	theater:isMemberOf
이름	Object Property: theater:isMemberOf
설명	"본 오브젝트 프로퍼티는 주체가 대상의 구성원임을 연결한다." @kr
라벨	"isMemberOf" "소속이다" @ko

URI	http://dh.aks.ac.kr/ontologies/theater#isMemberOf
Domain	theater:Persontheater:Group
Range	theater:Group
Invers Of	theater:hasMember

Object Property: theater:hasMember 세부 내역(설명 생략)			
Domain	theater:Group		
Range	theater:Person		
이름	라벨@ko	라벨@en	URI
Object Property: theater: has1stEthicsCo mmittee	초대 윤리위원	has1stEthics Committee	http://dh.aks.ac.kr/ontologies/ theater# has1stEthicsCommittee
Object Property: theater: hasCommitteeof Deliberate	심의위원	hasCommitt eeofDelibera te	http://dh.aks.ac.kr/ontologies/ theater# hasCommitteeofDeliber ate
Object Property: theater: hasEthicAuditor	감사 윤리위원	hasEthicAud itor	http://dh.aks.ac.kr/ontologies/ theater# hasEthicAuditor
Object Property: theater: hasManagerOfP erformingartsDi vision	무대공연물 간사	hasManager OfPerformin gartsDivision	http://dh.aks.ac.kr/ontologies/ theater# hasManagerOfPerform ingarts Division
Object Property: theater: has2ndEthicsCo mmittee	2기 윤리위원	has2ndEthic sCommittee	http://dh.aks.ac.kr/ontologies/ theater# has2ndEthicsCommitt ee
Object Property: theater: hasHeadOfArtDi vision	예술국장	hasHeadOfA rtDivision	http://dh.aks.ac.kr/ontologies/ theater# hasHeadOfArtDivision
Object Property: theater:	대표	hasChairman	http://dh.aks.ac.kr/ontologies/ theater# hasChairman

hasChairman			
Object Property: theater: hasViceChairman	부대표	hasViceChairman	http://dh.aks.ac.kr/ontologies/ theater# hasViceChairman

Object Property: theater:isMemberOf 세부 내역(설명 생략)			
Domain	theater:Person		
Range	theater:Group		
이름	라벨@ko	라벨@en	URI
Object Property: theater:is1stEthicsCommitteeOf	초대 윤리위원이다	is1stEthicsCommitteeOf	http://dh.aks.ac.kr/ontologies/ theater#is1stEthicsCommitteeOf
Object Property: theater:isCommitteeofDeliberateOf	심의위원이다	isCommitteeofDeliberateOf	http://dh.aks.ac.kr/ontologies/ theater#isCommitteeofDeliberateOf
Object Property: theater:isEthicAuditorOf	감사윤리위원이다	isEthicAuditorOf	http://dh.aks.ac.kr/ontologies/ theater#isEthicAuditorOf
Object Property: theater:isManagerOfPerformingartsDivision	무대공연물간사이다	isManagerOfPerformingartsDivision	http://dh.aks.ac.kr/ontologies/ theater#isManagerOfPerformingartsDivision
Object Property: theater:is2ndEthicsCommittee	2기윤리위원이다	is2ndEthicsCommittee	http://dh.aks.ac.kr/ontologies/ theater#is2ndEthicsCommittee
Object Property: theater:isHeadOfArtDivisionIn	예술국장이다	isHeadOfArtDivisionIn	http://dh.aks.ac.kr/ontologies/ theater#isHeadOfArtDivisionIn
Object Property: theater:isChairmanOf	대표이다	isChairmanOf	http://dh.aks.ac.kr/ontologies/ theater#isChairmanOf
Object Property: theater:isViceChairmanOf	부대표이다	isViceChairmanOf	http://dh.aks.ac.kr/ontologies/ theater#isViceChairmanOf

(3) 심사(사건) 모델

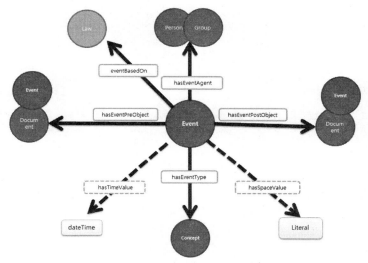

[그림 VI-4] 심사(사건) 모델 개념도

심사(사건) 모델은 선후 및 인과 관계로 연결되어 있는 특정 사건이
나 공연법 절차를 개념화한 것이다.

이름	Class: theater:Document
설명	"공연 창작과 공연법 절차에서 생산된 다양한 유형의 기록물을 포함한다." @ko
라벨	"Document" @en "기록" @ko
URI	http://dh.aks.ac.kr/ontologies/theater#Document

이름	Class: theater:Concept
설명	"부연 설명이 필요한 행위와 사건, 예술적 개념, 공간 등을 말한다." @ko
라벨	"Concept" @en "개념/용어" @ko
URI	http://dh.aks.ac.kr/ontologies/theater#Concept

이름	Class: theater:Person
설명	"공연 과정과 공연법 절차에 참여한 인물이다." @ko
라벨	"Person" @en "인물" @ko
URI	http://dh.aks.ac.kr/ontologies/theater#Person

이름	Class: theater:Group
설명	"공연 창작 및 공연 환경에 관여한 단체이다." @ko
라벨	"Group" @en "단체" @ko
URI	http://dh.aks.ac.kr/ontologies/theater#Group

이름	Class: theater:Law
설명	"공연법에 해당하는 각 법령을 포함한다." @ko
라벨	"Law" @en "공연법" @ko
URI	http://dh.aks.ac.kr/ontologies/theater#Law

이름	Object Property: theater:hasEventAgent
설명	"본 오브젝트 프로퍼티는 사건의 행위 주체를 연결한다" @kr
라벨	"hasEventAgent" @en "행위주체" @ko
URI	http://dh.aks.ac.kr/ontologies/theater#hasEventAgent
Domain	theater:Event
Range	theater:Person theater:Group
이름	Object Property: theater:hasEventType
설명	"본 오브젝트 프로퍼티는 사건의 유형을 연결한다." @kr

라벨	"hasEventType" @en "사건타입" @ko
URI	http://dh.aks.ac.kr/ontologies/theater#hasEventType
Domain	theater:Event
Range	theater:Concept
이름	Object Property: theater:hasEventPreObject
설명	"본 오브젝트 프로퍼티는 전 단계에 있는 사건 및 기록물을 연결한다" @kr
라벨	"hasEventPreObject" @en "사전오브제" @ko
URI	http://dh.aks.ac.kr/ontologies/theater#hasEventPreObject
Domain	theater:Event
Range	theater:Document theater:Concept
이름	Object Property: theater:hasEventPostObject
설명	"본 오브젝트 프로퍼티는 다음 단계의 사건과 기록물을 연결한다." @kr
라벨	"hasEventPostObject" @en "사후오브제" @ko
URI	http://dh.aks.ac.kr/ontologies/theater#hasEventPostObject
Domain	theater:Event
Range	theater:Document theater:Concept
이름	Object Property: theater:eventBasedOn
설명	"본 오브젝트 프로퍼티는 사건의 근거를 연결한다." @kr
라벨	"eventBasedOn" @en "근거이다" @ko
URI	http://dh.aks.ac.kr/ontologies/theater#eventBasedOn
Domain	theater:Event
Range	theater:Law theater:Concept theater:Event
이름	Data Property: hasSpaceValue
설명	"본 데이터 프로퍼티는 공간 정보를 입력한다." @ko

라벨	"hasSpaceValue" @en "공간정보" @ko
URI	http://dh.aks.ac.kr/ontologies/#hasSpaceValue
Domain	owl:Thing
Range	rdf:PlainLiteral
이름	Data Property: hasTimeValue
설명	"본 데이터 프로퍼티는 시간정보를 입력한다." @ko
라벨	"hasTimeValue" @en "사건발생시간" @ko
URI	http://dh.aks.ac.kr/ontologies/#hasTimeValue
Domain	owl:Thing
Range	rdf:PlainLiteral

(4) 기록 모델

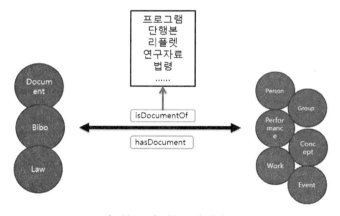

[그림 VI-5] 기록 모델 개념도

기록 모델은 단체, 인물, 개념/용어, 공연, 작품이 이에 해당하는
내용을 담고 있는 특정 유형의 기록물과의 관계를 개념화한 것이다.

이름	Class: theater:Performance
설명	"특정 공간과 시간에 수행된 공연을 의미한다." @ko
라벨	"Performance" @en "공연" @ko
URI	http://dh.aks.ac.kr/ontologies/theater#Performance

이름	Class: theater:Work
설명	"공연에 포함된 개별 작품을 의미한다. 희곡, 디자인, 음악, 움직임, 연출 스타일, 의상, 소품 등이 이에 해당한다." @kr
라벨	"Work" @en "작품" @ko
URI	http://dh.aks.ac.kr/ontologies/theater#Work

이름	Class: theater:Character
설명	"작품에 등장하고, 실제 공연에서 배우에 의해 연기되는 등장인물이다." @kr
라벨	"Character" @en "등장인물" @ko
URI	http://dh.aks.ac.kr/ontologies/theater#Character

이름	Class: theater:Document
설명	"공연 창작과 공연법 절차에서 생산된 다양한 유형의 기록물을 포함한다." @ko @ko
라벨	"Document" @en "기록" @ko
URI	http://dh.aks.ac.kr/ontologies/theater#Document

이름	Class: theater:Person
설명	"공연 과정과 공연법 절차에 참여한 인물이다." @ko
라벨	"Person" @en "인물" @ko
URI	http://dh.aks.ac.kr/ontologies/theater#Person

이름	Class: theater:Group
설명	"공연 창작 및 공연 환경에 관여한 단체이다."@ko
라벨	"Group"@en "단체"@ko
URI	http://dh.aks.ac.kr/ontologies/theater#ent

이름	Class: theater:Law
설명	"공연법에 해당하는 각 법령을 포함한다."@ko
라벨	"Law"@en "공연법"@ko
URI	http://dh.aks.ac.kr/ontologies/theater#Law

이름	Class: theater:Bibo
설명	"공연과 공연법에 관계있는 연구 자료와 출판물이다."@ko
라벨	"Bibo"@en "연구문헌"@ko
URI	http://dh.aks.ac.kr/ontologies/theater#Bibo

이름	Class: theater:Concept
설명	"개념 및 용어이다."@ko
라벨	"Concept"@en "개념/용어"@ko
URI	http://dh.aks.ac.kr/ontologies/theater#Concept

이름	Class: theater:Event
설명	"특정 시간과 공간에 발생한 어떠한 일이다."@ko
라벨	"Event"@en "사건"@ko
URI	http://dh.aks.ac.kr/ontologies/theater#Event

이름	Object Property: theater:hasDocument
설명	"본 오브젝트 프로퍼티는 주체와 기록물을 연결한다."@ko
라벨	"hasDocument"@en "기록물"@ko
URI	http://dh.aks.ac.kr/ontologies/theater#hasDocument

Domain	theater:Person theater:Work theater:PerFormance theater:Group theater:Concept theater:Event
Range	theater:Document theater:Bibo theater:Law

Object Property: theater:hasDocument 세부 내역(설명 생략)			
Domain	theater:Work theater:PerFormance theater:Concept theater:Group theater:Person		
Range	theater:Document theater:Bibo		
이름	라벨@ko	라벨@en	URI
Object Property: theater:hasBook	단행본	hasBook	http://dh.aks.ac.kr/ontologie s/theater#hasBook
Object Property: theater:hasDVD	DVD	hasDVD	http://dh.aks.ac.kr/ontologie s/theater#hasDVD
Object Property: theater:hasEbook	전자도서	hasEbook	http://dh.aks.ac.kr/ontologie s/theater#hasEbook
Object Property: theater:hasLeaflet	리플렛	hasLeaflet	http://dh.aks.ac.kr/ontologie s/theater#hasLeaflet
Object Property: theater:hasPhoto	사진	hasPhoto	http://dh.aks.ac.kr/ontologie s/theater#hasPhoto
Object Property: theater:hasPoster	포스터	hasPoster	http://dh.aks.ac.kr/ontologie s/theater#hasPoster
Object Property: theater:hasPress Release	보도자료	hasPressRel ease	http://dh.aks.ac.kr/ontologie s/theater#hasPressRelease

Object Property: theater:hasProgram	프로그램	hasProgram	http://dh.aks.ac.kr/ontologies/theater#hasProgram
Object Property: theater:hasScript	대본	hasScript	http://dh.aks.ac.kr/ontologies/theater#hasScript
Object Property: theater:hasScore	악보	hasScore	http://dh.aks.ac.kr/ontologies/theater#hasScore
Object Property: theater:hasSoundReference	사운드자료	hasSoundReference	http://dh.aks.ac.kr/ontologies/theater#hasSoundReference
Object Property: theater:hasTicket	티켓	hasTicket	http://dh.aks.ac.kr/ontologies/theater#hasTicket
Object Property: theater:hasVideo	비디오	hasVideo	http://dh.aks.ac.kr/ontologies/theater#hasVideo
Object Property: theater:hasCritique	비평	hasCritique	http://dh.aks.ac.kr/ontologies/theater#hasCritique
Object Property: theater:hasResearch	연구자료	hasResearch	http://dh.aks.ac.kr/ontologies/theater#hasResearch

이름	Object Property: theater:isDocumentOf
설명	"본 오브젝트 프로퍼티는 주체가 대상의 기록물임을 서술한다."
라벨	"isDocument" @en "기록물이다" @ko
URI	http://dh.aks.ac.kr/ontologies/theater#isDocumentOf
Domain	theater:Document theater:Bibo theater:Law
Range	theater:Person theater:Work theater:PerFormance theater:Group theater:Concept

	theater:Event			
Object Property: theater:isDocumentOf 세부 내역(설명 생략)				
Domain	theater:Document theater:Bibo			
Range	theater:Work theater:PerFormance theater:Concept theater:Person theater:Group			
이름	라벨@ko	라벨@en		URI
Object Property: theater:isBookOf	단행본이다	isBookOf		http://dh.aks.ac.kr/onto logies/theater#isBookOf
Object Property: theater:isDVDOf	DVD이다	isDVDOf		http://dh.aks.ac.kr/onto logies/theater#isDVDOf
Object Property: theater:isEbookOf	전자도서이다	isEbookOf		http://dh.aks.ac.kr/onto logies/theater#isEbookOf
Object Property: theater:isLeafletOf	리플렛이다	isLeafletOf		http://dh.aks.ac.kr/onto logies/theater#isLeaflet Of
Object Property: theater:isPhotoOf	사진이다	isPhotoOf		http://dh.aks.ac.kr/onto logies/theater#isPhotoOf
Object Property: theater:isPosterOf	포스터이다	isPosterOf		http://dh.aks.ac.kr/onto logies/theater#isPosterO f
Object Property: theater:isPressRel easeOf	보도자료이다	isPressReleas eOf		http://dh.aks.ac.kr/onto logies/theater#isPressRe leaseOf
Object Property: theater:isProgram Of	프로그램이다	isProgramOf		http://dh.aks.ac.kr/onto logies/theater#isProgra mOf
Object Property: theater:isScriptOf	대본이다	isScriptOf		http://dh.aks.ac.kr/onto logies/theater#isScriptOf
Object Property: theater:isScoreOf	악보이다	isScoreOf		http://dh.aks.ac.kr/onto logies/theater#isScoreOf

Object Property: theater:isSoundRef erenceOf	사운드 자료이다	isSoundRefere nceOf	http://dh.aks.ac.kr/onto logies/theater#isSoundR eferenceOf
Object Property: theater:isTicketOf	티켓이다	isTicketOf	http://dh.aks.ac.kr/onto logies/theater#isTicketO f
Object Property: theater:isVideoOf	비디오이다	isVideoOf	http://dh.aks.ac.kr/onto logies/theater#isVideoOf
Object Property: theater:isCritique Of	비평이다	isCritiqueOf	http://dh.aks.ac.kr/onto logies/theater#isCritique Of
Object Property: theater:isResearch Of	연구자료이다	isResearchOf	http://dh.aks.ac.kr/onto logies/theater#isResearc hOf

이름	Data Property: hasBibliography
설명	"본 데이터 프로퍼티는 연구 정보를 입력한다. 저자, 출판사, 출판일 등 연구 자료의 세부적인 정보가 이해 해당한다." @ko
라벨	"hasBibliography" @en "연구자료정보" @ko
URI	http://dh.aks.ac.kr/ontologies/NDRM#hasBibliography
Domain	owl:Thing
Range	rdf:PlainLiteral
이름	Data Property: hasWebResource
설명	"본 데이터 프로퍼티는 웹주소를 입력한다."@ko
라벨	"hasWebResource" @en "웹주소" @ko
URI	http://dh.aks.ac.kr/ontologies/#hasWebResource
Domain	owl:Thing
Range	rdf:PlainLiteral

2. 시맨틱 데이터

시맨틱 데이터는 온톨로지 설계에 따라 노드(데이터)+링크(링크 데이터)+노드(데이터)의 형태로 구성된 데이터 형식이다. 1970년대 소극장 시맨틱 아카이브는 소극장 온톨로지에 따라 구축된 시맨틱 데이터로 구현된다.

1) 정보 개체 데이터(Node List)

정보 개체 데이터(노드, Node)는 클래스에 속한 개별 데이터를 말한다. 본 연구의 상세한 노드 리스트는 논문의 결과물을 공유하기 위해 만들어진 웹사이트에서 볼 수 있다.[3] 다음은 각 클래스별 노드의 예이다.

[표 VI-12] 작품 클래스의 노드

한국어	ID	클래스	영문	다른이름
작품_THEATRE II	W00002	작품	RoughforTheatreII	
작품_고독이라는 이름의 여인	W00007	작품	A Woman Named Solitude	영원한 디올라

---

3) 해당 사이트는 한국학중앙연구원 인문정보학과 학생들의 연구 결과물을 공유하기 위해 만들어진 것이다. 이 사이트는 연구 결과물의 공유와 활용을 돕기 위해, 비교적 사용자의 접근이 쉬운 위키 시스템을 기반으로 만들어진 것이다. 1970년대 소극장 연극 시맨틱 아카이브의 전체 노드는 4932건, 링크는 159건이다. 1970년대 소극장 연극 시맨틱 아카이브, 노드 리스트(http://dh.aks.ac.kr/~theater/wiki/index.php/%EB%8C%80%EB%AC%B8#1975.EB.85.84_.EC.97.90.EC.A0.80.EB.98.90.EC.B0.BD.EA.B3.A0.EA.B7.B9.EC.9E.A5.2C_1976.EB.85.84-1979.EB.85.84_.EC.82.BC.EC.9D.BC.EB.A1.9C.EC.B0.BD.EA.B3.A0.EA.B7.B9.EC.9E.A5_.EB.85.B8.EB.93.9C_.EB.A6.AC.EC.8A.A4.ED.8A.B8.28Node_List.29, 2017.12.21.)

[표 VI-13] 인물 클래스의 노드

한국어	ID	클래스
강계식	A00001	인물
강동식	A00002	인물
강신자	A00007	인물

[표 VI-14] 단체 클래스의 노드

한국어	ID	클래스
거론	G0001	단체
고향	G0002	단체
대하	G0003	단체

[표 VI-15] 공연 클래스에 포함된 데이터의 예

한국어	ID	클래스	시작일	종료일
잔네비는 돌아오는가	P0097	공연	1975. 12. 20	1975. 12. 31
새타니	P0061	공연	1975. 5. 28	1975. 6. 5

[표 VI-16] 등장인물 클래스에 포함된 데이터의 예

한국어	ID	클래스	관련공연
1	C0095	등장인물	우리들의 저승
2	C0096	등장인물	우리들의 저승
조이	C0104	등장인물	이상한 부부

[표 VI-17] 공연기록물 클래스에 포함된 데이터의 예

한국어	ID	클래스
1975. 5.28-7.11 에저또 소극장 신축개관기념공연 _5.jpg	D000011	공연기록물
1975. 5.28-7.11 에저또 소극장 신축개관기념공연 _6.JPG	D000012	공연기록물
1975. 5.28-7.11 에저또 소극장 신축개관기념공연 _7.jpg	D000013	공연기록물

[표 VI-18] 공연법 클래스에 포함된 데이터의 예

한국어	ID	클래스
제3장 공연장 제13조 폐장신고_법률 제902호	L0011	공연법
제3장 공연장 제7조 설치허가등_법률 제902호	L0012	공연법

[표 VI-19] 연구문헌 클래스에 포함된 데이터의 예

한국어	ID	클래스
[연극(3)] 『형제자매들』, 『오델로, 베니스의 무어인』 전통 있는 두 외국 극단의 한국 공연 : 느리거나 혹은 빠르거나	R00009	연구문헌
[연극(3)] 빅신하즈 국립국장 『오델로』와 연희단거리패 『경성스타』 - 연극적 감각을 재현하는 두 가지 방식	R00010	연구문헌
[연출가와의 만남 윤영선] 화제작의 연출가를 찾아서	R00011	연구문헌
[이론 발제] 김현탁의 〈오델로〉: 양식의 모자이크, 혹은 차별의 백과사전	R00012	연구문헌

[표 VI-20] 사건 클래스에 포함된 데이터의 예

한국어	ID	클래스
에저또 소극장 신축개관 기념공연	CT0004	개념/용어
삼일로창고극장 개관	CT0007	개념/용어

[표 VI-21] 개념/용어 클래스에 포함된 데이터의 예

한국어	ID	클래스
에저또 소극장 신축개관 기념공연	CT0004	개념/용어
삼일로창고극장 개관	CT0007	개념/용어
마임극	CT0356	개념/용어
공연자등록_에저또	CT0367	개념/용어

2) 관계성 데이터(Link List)

관계성 데이터는 노드와 노드를 연결하는 데이터이다. 링크 데이터 목록은 본 연구의 결과물을 공유하기 위한 사이트에서 확인할 수 있다.4)

3) 시맨틱 데이터베이스 구현

1970년대 소극장 연극 시맨틱 아카이브는 노드 4932건과 링크는 159건에 의해 10,585건의 시맨틱 데이터로 구성된 시맨틱 데이터베이스이다.

[표 VI-22] 시맨틱 데이터 예시

	클래스	ID		관계성			클래스	레인지
김성훈	인물	A00068	배우	R0003	isActorOf	영원한 디올라	공연	P0080
안효	인물	A00232	배우	R0003	isActorOf	영원한 디올라	공연	P0080
유경란	인물	A00249	배우	R0003	isActorOf	영원한 디올라	공연	P0080
한영애	인물	A00429	배우	R0003	isActorOf	영원한 디올라	공연	P0080
황승엽	인물	A00452	배우	R0003	isActorOf	영원한 디올라	공연	P0080

---

4) 1970년대 소극장 시맨틱 아카이브 링크 리스트(http://dh.aks.ac.kr/~theaterwiki/index.php/1970%EB%85%84%EB%8C%80_%EC%86%8C%EA%B7%B9%EC%9E%A5_%EC%8B%9C%EB%A9%98%ED%8B%B1_%EC%95%84%EC%B9%B4%EC%9D%B4%EB%B8%8C_%EB%A7%81%ED%81%AC_%EB%A6%AC%EC%8A%A4%ED%8A%B8(Link_List), 2017.12.21.)/

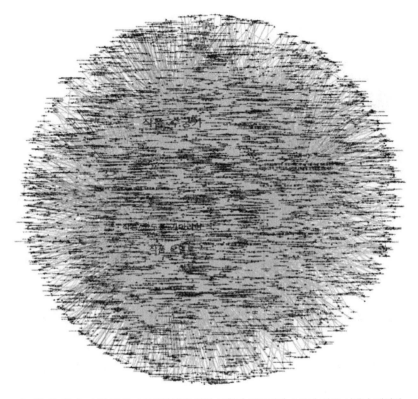

[그림 Ⅵ-6] Gephi(시각화 소프트웨어)를 통해 구현된 1970년대 소극장 연극 시맨틱 데이터

해당 시맨틱 데이터는 네트워크 분석 및 시각화 소프트웨어를 통해 구현할 수 있다.

[그림 Ⅵ-6]는 시각화 소프트웨어를 통해 구현한 1970년대 소극장 연극 시맨틱 아카이브이다. 시각화 소프트웨어는 어떤 소프트웨어를 선택하느냐에 따라 데이터 입력 형식도 다소의 차이는 있지만, 접점과 연결 즉 개체(노드)와 관계성(링크)의 목록은 필수적인 공통 요소이다.5) 본 연구의 노드와 링크 리스트는 사용자의 목적에 따라 시각화

[그림 VI-7] Gephi로 구현된 1970년대 소극장 연극 시맨틱 아카이브의 일부

소프트웨어를 통해 활용할 수 있도록 웹사이트에 공유하였다.6)

다음 장은 시맨틱 데이터를 활용해 1970년대 소극장 연극 상황을 살펴본다. 시맨틱 데이터는 인물과 공연의 관계, 공연법과 연극의 관계 그리고 1970년대 생활 문화에 관한 흥미로운 사실을 전달하고 있었다.

---

5) 김현 외, 앞의 책, 142쪽.

6) 1970년대 소극장 연극 시맨틱 아카이브, 시맨틱 데이터(http://dh.aks.ac.kr/~
theater/wiki/index.php/1970%EB%85%84%EB%8C%80_%EC%86%8C%EA%B7%B9
%EC%9E%A5_%EC%8B%9C%EB%A9%98%ED%8B%B1_%EB%8D%B0%EC%9D%B4%E
D%84%B0, 2017.12.21.)

제7장

시맨틱 데이터로 읽는 1970년대 소극장 연극

1. 중심에서 주변으로: 1970년대 소극장 인물 발견

1970년대 소극장 연극 시맨틱 데이터에 축적된 에저또/삼일로창고 극장 연극 활동에 참여한 인물은 총 529명이다. 최대 출연 빈도는 16 회로 이에 해당 하는 인물은 삼일로창고극장의 운영자였던 이원경과 1970년대 소극장 연극의 대표작 〈빨간 피터의 고백〉의 배우 추송웅 두 명에 불과하다. 최대 출연 횟수의 절반에 해당하는 9회에서 16회 까지의 출연자는 총 12명이다.[1] 이에 반해 단 1회 출연에 그친 인물 들은 529명 중 335명에 달한다. 따라서 최소 2회 이상 출연한 184명 이 1970년대 에저또/삼일로창고극장의 연극 활동을 대표한다고 볼 수 있다.[2]

---

1) 12명의 인물에 관한 시맨틱 데이터(http://dh.aks.ac.kr/~theater/wiki/index.php/ 1970%EB%85%84%EB%8C%80_%EC%86%8C%EA%B7%B9%EC%9E%A5_%EC%8B%9 C%EB%A7%A8%ED%8B%B1_%EB%8D%B0%EC%9D%B4%ED%84%B0%EC%9D%98_% ED%99%9C%EC%9A%A9 2017.12.21.)

2) 1970년대 에저또 · 삼일로창고극장 인물과 공연 관계에 대한 시맨틱 데이터(http:// dh.aks.ac.kr/~theater/wiki/index.php/1970%EB%85%84%EB%8C%80_%EC%86% 8C%EA%B7%B9%EC%9E%A5_%EC%8B%9C%EB%A7%A8%ED%8B%B1_%EB%8D%B0 %EC%9D%B4%ED%84%B0%EC%9D%98_%ED%99%9C%EC%9A%A9 2017.12.21.)

[표 Ⅶ-1] 에저또/삼일로창고극장 9회 이상 출연자

이름	ID	역할
유진규	A00503	마임, 배우, 작가, 연출
박용기	A00170	배우, 연출, 음악담당, 음향 디자이너
유태균	A00263	배우
서영일	A00197	배우, 무대감독, 조명 디자이너
주호성	A00401	배우, 연출
조준	A00398	조명 디자이너, 음향
김정민	A00109	배우, 조명 디자이너, 조연출, 무대감독, 진행
윤석	A00268	배우, 무대 디자이너, 연출
조석준	A00393	기획, 배우, 음악담당
정호영	A00382	분장, 배우
이원경	A00319	연출, 각색, 장치, 제작, 배우
추송웅	A00420	배우, 연출

[표 Ⅶ-1]은 9회 이상 출연 횟수를 가진 12명 인물에 관한 표이다. 그런데 제시된 인물 중에서 관련 정보를 찾을 수 있는 인물은 6명에 불과하다.[3] 이들은 현재까지 활동 중이거나 보도 자료 및 연구를 통해 그들의 활동이 기록으로 잘 남아 있는 경우이다.

한편 1970년대 소극장 시맨틱 아카이브에 의하면 1970년대 에저또/삼일로창고극장에서 3회 이상 공연한 극단의 출연진들은 좀처럼 중복되지 않는다.

---

[3] 마임이스트 유진규, 배우 주호성과 유태균, 〈빨간 피터의 고백〉의 추송웅, 기획자 조석준, 창고극장의 대표였던 이원경에 관한 정보는 연극사 연구나 각종 보도 자료를 통해 접할 수 있다.

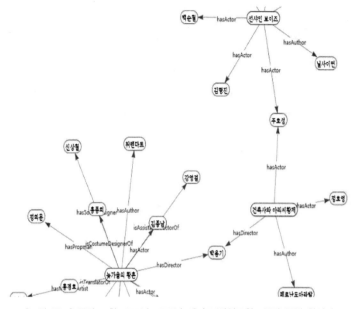

[그림 VII-1] 극단 고향 1975년-1979년 에저또/삼일로창고극장 공연 창작자

[그림 VII-1]은 극단 고향의 1975년 7월 〈늦가을의 황혼〉, 1977년 12월 〈건축사와 아리씨 황제〉, 1978년 8월 〈선샤인 보이즈〉에 참여한 창작자의 네트워크 그래프이다.4) 지속적으로 참여한 인물이 단 한 명도 없다. 박용기가 〈늦가을의 황혼〉과 〈건축사와 아리씨 황제〉의 연출로 두 번 참여하고, 주호성이 〈건축사와 아리씨 황제〉, 〈선샤인 보이즈〉에 배우로 두 번 참여한 것이 전부이고, 대부분 출연자들의 출연 횟수는 1회이다.

4) 본 연구에서 사용하고 있는 네트워크 그래프 프로그램은 'MakeGraph'이다. Make-Graph는 GoogleTM이 제공하는 Network Graph Visualization API를 쉽게 쓸 수 있도록 하는 프로그램이다. MakeGraph는 한국학중앙연구원 김현 교수가 인문정보학 교육 도구로 개발하였으며, 누구나 사용할 수 있다. 나의 네트워크 그래프 제작 방법 (http://dh.aks.ac.kr/Edu/wiki/index.php/%EB%82%98%EC%9D%98_%EB%84%A4%ED%8A%B8%EC%9B%8C%ED%81%AC_%EA%B7%B8%EB%9E%98%ED%94%84_%EC%A0%9C%EC%9E%91_%EB%B0%A9%EB%B2%95, 2017.12.21.)

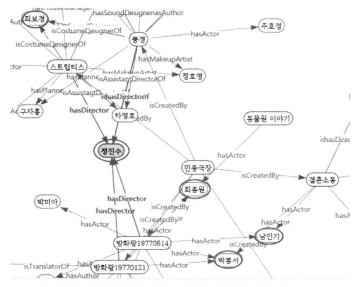

[그림 Ⅶ-2] 극단 민중극장 에저또/삼일로창고극장 공연 창작자-1

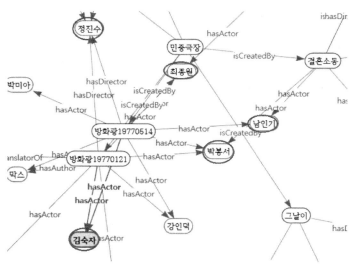

[그림 Ⅶ-3] 극단 민중극장 에저또/삼일로창고극장 공연 창작자-2

극단 민중극장 역시 비슷하다. [그림 Ⅶ-2]와 [그림 Ⅶ-3]은 민중 극장이 에저또/삼일로창고극장에서 1975년에서 1979년까지 공연한 사실을 보여주는 시맨틱 데이터 네트워크이다. 민중극장은 1970년대 에저또/삼일로창고극장에서 총 6번 공연했는데, 중복 출연자의 수는 5명에 불과하다. 정진수가 연출로 4회, 박봉서가 배우로 3회, 배우 김숙자, 남인기, 최종원이 2회 출연했다. 나머지 스텝이나 배우는 대부분 1-2회 참여에 그치고 있었다.

흥미로운 사실은 중복 인물의 대다수가 타 극단 공연과도 연결되어 있다는 점이다. [그림 Ⅶ-4]는 〈방화광〉에 참여한 최종원이 극단 뿌리의 〈동물원 이야기〉에도 참여했음을 보여준다.

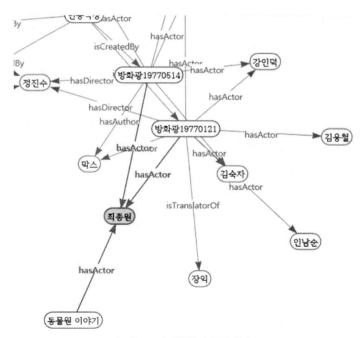

[그림 Ⅶ-4] 최종원의 공연 참여

이처럼 출연진이 겹치지 않는 상황은 극단들이 외부 창작자를 고용하는 PD시스템을 적용했음을 짐작하게 하는 지점이다. 그러나 1980년대 초반까지 PD시스템은 공식적으로 인정받는 연극 제작 방식이 아니었다. 그럼에도 불구하고 대부분의 극단이 PD시스템을 적용한 이유는 다음과 같다.

PD시스템은 연극 창작과 극단 운영을 분리하고 신진 창작자들과 극단에 속하지 않은 창작자들에게도 공연 기회를 줄 수 있는 제작 방식이었다. 1970년대에는 공연하고자 하는 자는 공연자등록증이 있는 극단에 속해 있거나 본인이 공연자등록증을 가지고 있어야 했다. 그런데 신진 창작자의 경우 극단 소속이 아닌 경우도 있었고 공연자등록증을 발급 받을 수 있는 상황도 아니었다.

한편 공연법은 공연마다 참여해야 하는 극단 소속 전속출연자의 비율을 규정하고 있었다. 1975년까지는 공연법시행령(대통령령 제6115호)5) 에따라 전체 출연자의 1/3이 전속출연자로 채워져야 했고, 1977년 2월 1일에서 1979년까지의 공연은 공연법시행령(대통령령 제8428호)6)에 근거하여 전속출연자의 비율이 1/5 수준으로 지켜져야 했다. 따라서 PD시스템은 전속출연자 외의 인원을 신진 창작자들과 극단 외부 창작자들에게 할애하여 공연법을 준수함과 동시에 연극 수준 향상에 기여하는 제작 방식이었다.

1976년 6월 극단 창고극장의 〈티타임의 정사〉를 시작으로 공식화된 PD시스템은 연극계 전반으로 확장되었다. 유민영은 "1년에 두어

---

5) 제30조 전속출연자의 출연, 국가법령정보센터(http://www.law.go.kr/법령/공연법시행령/(19770201,08428,19770131)/제30조, 2017.11.10.)

6) 제58조 전속출연자의 출연, 국가법령정보센터(http://www.law.go.kr/법령/공연법시행령/(19720320,06115,19720320)/제58조, 2017.11.10.)

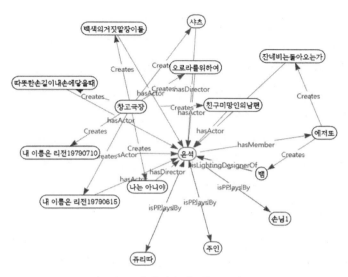

[그림 Ⅶ-5] 윤석의 네트워크 그래프

번 작품을 만들어 5,6일 공연하던 극단들이 극장만 얻으면 7,8번이라도 공연할 수 있는 경우가 속출했다"고 언급한다.[7] 극단들은 PD시스템을 적용해 외부 출연진과 작업하면서 공연 기회를 자주 갖게 되었다. 무엇보다 PD시스템은 창작자와 극단이 계약하는 구조였기 때문에 국내 연극사에 있어 최초로 급여를 지급 받을 수 있는 환경을 마련하였다. 이전까지의 동인제 극단은 말 그대로 동인 모임의 성격이 강했고, 연극 직업화와는 거리가 있었다. 연극 창작자 입장에서는 출연료를 보장해주는 PD시스템을 거부할 이유가 없었다. 그 결과 PD시스템은 1970년대 소극장 연극 활성화의 핵심적인 역할을 담당하였고, 이를 시맨틱 데이터 네트워크를 통해 확인할 수 있었다.

그러나 앞서 살펴본 것처럼 에저또/삼일로창고극장의 주요 창작자

---

7) 유민영, 앞의 책, 366쪽.

에 대한 정보가 매우 부족함을 알 수 있다. [표 Ⅶ-1]에 있는 윤석의 경우 1975년 에저또창고극장과 1976~79년까지의 삼일로창고극장 공연에 모두 참여한 매우 드문 인물이다.

[그림 Ⅶ-5]에서처럼 윤석은 1975년 극단 에저또가 에저또창고극장에서 제작한 모든 공연에 참여하였고, 1976년 창단한 극단 창고극장의 공연 8편에도 참여하였다. 윤석이 참여한 극단 에저또의 공연은 전위극이자 환경극이고, 극단 창고극장의 공연은 대부분 번역극이다. 따라서 윤석은 1970년대 전위극 및 환경극과 번역극을 동시에 경험한 인물이라고 볼 수 있다. 그러나 그에 관한 정보는 연극문헌이나 보도자료 등에서 거의 찾을 수 없었다. 또한 [표 Ⅶ-1]에서 볼 수 있는 것처럼 1970년대 에저또/삼일로창고극장의 주요 창작자들은 조명 디자이너나 무대감독, 음향 디자이너, 진행과 같은 연극 스텝들이었다. 이들의 활동은 텍스트로 남겨지기 쉬운 것들이 아니지만 1970년대 소극장 연극 제작 상황을 누구보다도 정확히 알고 있는 사람들이다. 이들의 소극장 연극 경험을 구술채록과 같은 방법으로 기록할 필요가 있다.[8]

이처럼 시맨틱 아카이브는 특정 시대와 활동을 증언할 수 있는 기록되지 않은 인물을 보여주는 '발견'의 아카이브이기도 하다. 이러한 발견은 1970년대 소극장 연극의 맥락을 중심과 주변부까지 확장시켜 볼 수 있는 안목을 제시한다. 본 연구를 시작으로 1970년대 소극장 전체에 대한 인물을 시맨틱 아카이브로 구축하고, 1970년대 소극장 연

---

8) 공연 창작자의 구술채록은 한국문화예술진흥원 예술자료원에서 진행하고 있는 것이 대표적이다. 공연 창작자 구술채록은 창작자의 살아 있는 경험을 기록하여 그가 활동했던 시기의 다양한 공연사적 맥락을 파악하고 이를 보존하려는 목적으로 수행된다. 그렇기 때문에 지금까지의 공연 창작자 구술채록은 작가, 연출가, 배우, 무대미술가, 연극학자 등 한국 연극사의 핵심 인물들인 경우가 많았다.

극의 인물을 새롭게 발굴할 필요가 있다.

2. 1970년대 공연자등록증 대여와 극단 대하

극단 대하는 원로 배우 강계식이 창단한 극단이었다. 강계식이 한국연극협회의 정회원이었고, 극단 창단과 함께 공연자등록증을 발급받았다. 그러나 공연자등록증 유지를 위해 공연 실적이 필요했고, 이에 따라 신생 극단에게 공연자등록증을 대여하는 경우도 있었다. 실제로 극단 연우무대는 창립 30주년 기념으로 발간한 회고록에서 연우무대의 창단 공연 〈아침에는 늘 혼자예요〉를 극단 대하의 공연자등록증을 대여해서 진행했다고 밝히고 있다.[9] 이러한 사실은 행정 기록에 남아 있는 극단의 공연 활동과 실제 그 공연을 수행했던 주체가 다를 수도 있음을 시사한다. 이를 본 연구에서 구축한 시맨틱 아카이브 데이터를 통해 살펴보고자 한다.[10]

---

9) 연우무대, 앞의 책, 28쪽.

10) 1970년대 공연자등록증 대여와 극단 대하(http://dh.aks.ac.kr/~theater/wiki/index.php/1970%EB%85%84%EB%8C%80_%EC%86%8C%EA%B7%B9%EC%9E%A5_%EC%8B%9C%EB%A7%A8%ED%8B%B1_%EB%8D%B0%EC%9D%B4%ED%84%B0%EC%9D%98_%ED%99%9C%EC%9A%A9#1970.EB.85.84.EB.8C.80_.EA.B3.B5.EC.97.B0.EC.9E.90.EB.93.B1.EB.A1.9D.EC.A6.9D_.EB.8C.80.EC.97.AC.EC.99.80_.EA.B7.B9.EB.8B.A8_.EB.8C.80.ED.95.98, 2017.12.21.)

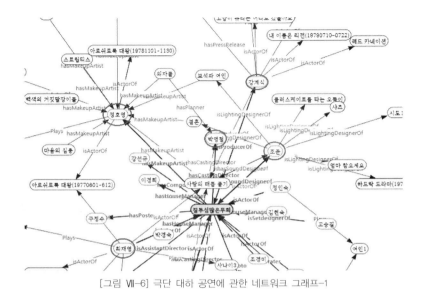

[그림 VII-6] 극단 대하 공연에 관한 네트워크 그래프-1

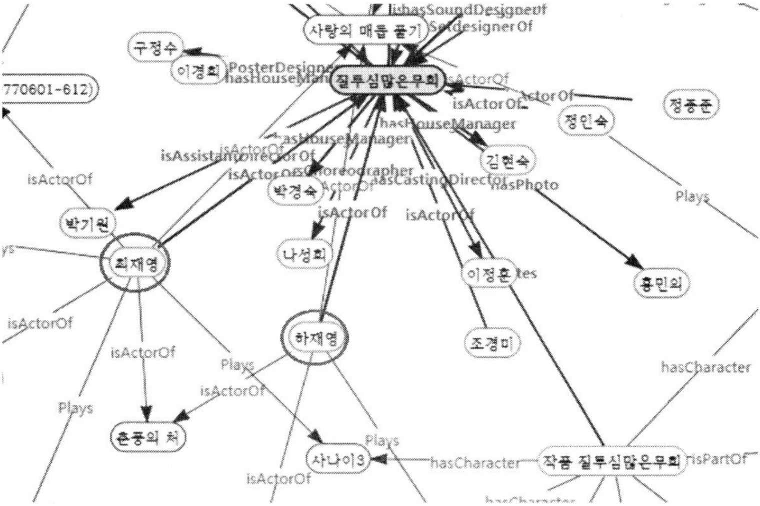

[그림 VII-7] 극단 대하 공연에 관한 네트워크 그래프-2

[그림 Ⅶ-8] 극단 대하 〈질투심 많은 무희〉 리플렛 – 소장 박은희

[그림 Ⅶ-6]과 [그림 Ⅶ-7]은 극단 대하의 1978년 12월 공연 〈질투심 많은 무희〉와 〈사랑의 매듭 풀기〉에 관한 네트워크 그래프이다. 이 그래프에서 주목할만한 점은 인물들의 공연 경력에 관한 것이다. 두 작품에 참여한 19명 중 강계식과 정호영, 박영철, 최재영, 하재영을 제외하고는 모두가 이 작품이 첫 작품인 것으로 보인다. 이를 바탕으로 〈질투심 많은 무희〉와 〈사랑의 매듭 풀기〉 역시 극단 대하의 공연자등록중 대여로 진행된 공연임을 추측할 수 있다. 실제로 이 두 작품의 공연 프로그램에는 "연극계의 젊은 창작자들이 모여서 공연"하는 것이라고 친절히 밝히고 있다. 게다가 이 작품이 첫 출연이라고 밝히는 참가자도 있었다.

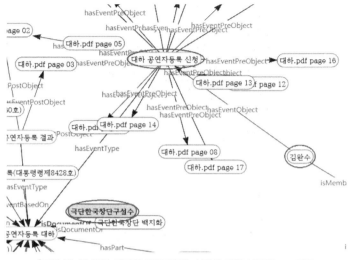

[그림 Ⅶ-9] 극단 대하의 공연자등록 신청에 관한 네트워크 그래프

이처럼 1970년대에는 공연자등록증이 있는 '합법적인' 극단이 신생 극단에게 공연자등록증을 빌려주는 방식으로 연극 경력을 쌓도록 도 와주었던 연극계의 관행을 보여준다. 그러나 시맨틱 데이터는 극단 대하의 공연자등록증 신청에 관한 흥미로운 지점을 보여준다.

[그림 Ⅶ-9]는 극단 대하의 공연자등록 신청에 관한 네트워크 그래 프 의하면 극단 대하의 공연자등록 신청은 1981년 1월 12일 김완수에 의해 수행된다. 극단 대하가 창단한 시점이 1977년이고 그 사이에 극 단 대표가 바뀌는 상황이 생긴 것이다.[11] 1975년 개정 공연법(법률 제 2884호)에 의해 2년으로 정해져 있었던 공연자등록증 기한은 폐지된 상태였기 때문에 극단 대하가 두 번에 걸쳐 공연자 등록 신청을 할 필 요는 없었다. 이러한 상황에도 불구하고 극단 대하가 또 다시 공연자

---

11) 서울시청에는 1977년 공연자 등록 신청 관련 서류가 없고, 1981년에 신청한 서류만 남아 있었다.

등록 신청을 한 것이다.

[그림 Ⅶ-8]에 의하면 극단 대하의 공연자등록 신청은 '극단 한국 창단 백지화'라는 보도자료와 연결된다. 보도자료는 대하의 공연자등록증의 대여가 극단 대표인 강계식의 단독 결정 사항이었다는 점을 밝혀준다. 이에 불만이 있었던 대하의 단원들은 1979년 2월 강계식이 관리하던 공연자등록증을 회수했다고 한다. 그러자 강계식은 단원들과 상의 없이 공연자등록증 분실 신고를 했고, 공연자등록증 재발급 신청을 하며 극단 이름을 한국으로 변경하게 된다. 극단 대하 단원들은 이 사실을 알게 되자 한국연극협회에 강계식의 징계를 청원하기까지 한다. 그 결과 한국연극협회는 강계식의 정회원 자격을 박탈하고 연극계를 은퇴할 것을 권고하였다.[12]

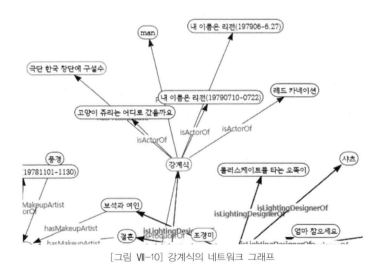

[그림 Ⅶ-10] 강계식의 네트워크 그래프

---

12) 「극단 한국 창단 백지화 대하 등록증 변경 사용 드러나」, 《동아일보》, 1979년 3월 2일자.

그러나 [그림 Ⅶ-10]의 강계식에 관한 네트워크 그래프에 의하면 강계식은 1979년 6월과 7월에 〈내 이름은 리젠〉에 배우로 참여했다.

이처럼 시맨틱 아카이브를 통해 지금까지 알려진 1970년대 소극장 연극계의 정황과 이에 관한 시맨틱 데이터를 대조하여 보다 사실에 가까운 1970년대 소극장 연극 제작 상황을 유추할 수 있었다. 이를 통해 알려진 '사실'을 시맨틱 데이터를 기반으로 재확인하면서 숨겨져 있는 새로운 '이야기'를 발굴할 수 있다.

3. 한국공연윤리위원회와 대본심의

1975년 개정 공연법(법률 제2884호)에 따라 설립된 한국공연윤리위원회는 공연 대본 및 영화 각본 사전 심의를 담당하면서 1970년대 소극장 연극 형성에 영향력을 행사하였다. 그러나 국내 연극 디지털 아카이브 어느 곳에서도 한국공연윤리위원회 연극 심의에 관한 자료와 정보 수집을 진행하고 있지는 않다.[13] 본 연구는 1970년대 소극장 시맨틱 아카이브는 한국공연윤리위원회에서 활동한 인물들과 그들이 위원회에서 활동할 당시 소속되었던 기관 및 단체에 대한 시맨틱 데이터를 축적하였다. 동시에 한국공연윤리위원회에서 심의하였던 에저또/삼일로창고극장의 대본 심의 결과 역시 시맨틱 데이터로 축적하였다.[14]

---

13) 영상자료원의 경우 영화 각본 심의 서류를 데이터베이스로 구축하여 서비스하고 있다.

14) 한국공연윤리위원회와 대본 심의 결과에 관한 시맨틱 데이터(http://dh.aks. ac.kr/~theater/wiki/index.php/1970%EB%85%84%EB%8C%80_%EC%86%8C%EA %B7%B9%EC%9E%A5_%EC%8B%9C%EB%A7%A8%ED%8B%B1_%EB%8D%B0%EC%9 D%B4%ED%84%B0%EC%9D%98_%ED%99%9C%EC%9A%A9, 2017.12.21.)

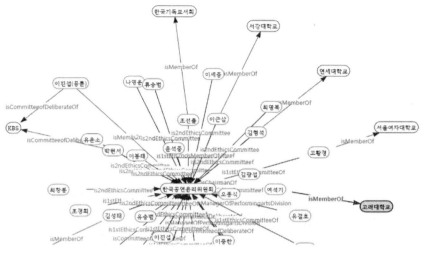

[그림 Ⅶ-11] 한국공연윤리위원회 인물 네트워크 그래프

[그림 Ⅶ-11]은 1976년에서 1979년까지의 윤리위원과 그들의 소속에 관한 네트워크 그래프이다. 윤리위원들의 소속은 대학, 국회, 기독교단체, 문화공보부, 방송사 등이다. 특히 극작가 이근삼, 평론가 여석기, 연극학자 유민영의 참여가 주목할 만하다. 이들은 대학의 교수이면서 연극 교육과 창작, 심의 및 평론에 참여하며 1970년대 연극 경향을 주도한 인물들이기 때문이다. 이들이 대본심의에 참여했다는 것은 희곡에 대한 검열이 연극 내·외부에서 진행된 것임을 보여준다.

[그림 Ⅶ-12], [그림 Ⅶ-13]은 《공연윤리》에 남아 있는 기록을 토대로 1970년대 에저또/삼일로창고극장에서 공연된 작품의 희곡 33편 대본심의 결과에 대한 네트워크 그래프이다. 그림에 의하면 대부분의 희곡이 '무수정통과'와 '통과' 결정이 내려졌다. '수정통과' 결정이 내려진 작품은 〈동물원 이야기〉, 〈영양 쥬리에〉, 〈그날이 오늘〉, 〈승부의 종말〉, 〈바다풍경〉 등 5편에 불과하다. 실제로 한국공연윤리위원

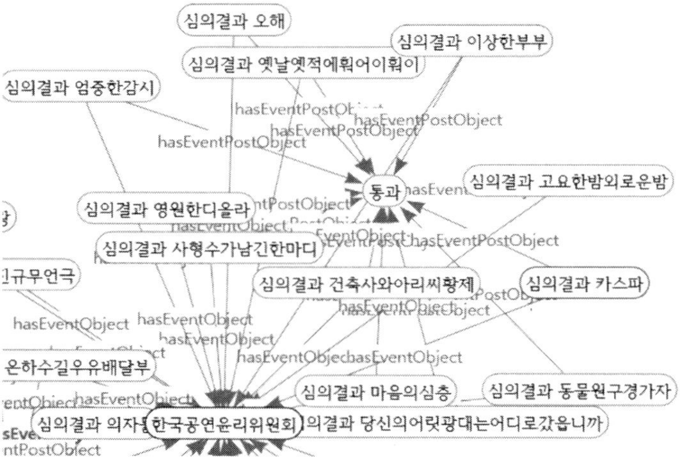

[그림 Ⅶ-12] 에저또/삼일로창고극장(1975-1979) 공연 대본심의 결과-1

[그림 Ⅶ-13] 에저또/삼일로창고극장(1975-1979) 공연 대본심의 결과-2

회가 1976년에서 1979년까지 심의한 희곡 685편 중 개작 지시를 내린 작품은 18편, 반려한 작품은 29편이다.[15] 개작은 심의 결과에 따라

---

15) 「공연윤리위원회가 걸어온 길」, 《공연윤리》, 1997년 9월호, 20쪽.

대본 내용을 수정하는 것이며, 반려의 경우 공연할 수 없었다. 그림에서처럼 에저또/삼일로창고극장의 1970년대 공연 대본 중 개작이나 반려된 작품이 없다. 1970년대 소극장과 소극장 운영의 주체였던 극단들은 안정적인 창작 환경 조성과 연극의 질적 성장을 최우선으로 생각하였다. 때문에 대본심의에 통과할만한 작품을 고르는 것은 극단과 극장의 지속적인 운영을 위한 선택이었을 것이다.16) 그러나 이러한 선택은 극단 운영 이외에 대본심의라는 제도적 조건과의 관계속에서 살펴보아야 할것이다. 따라서 1970년대 연극과 대본심의의 보다 다양한 측면을 살펴보기 위해 지속적인 데이터 축적이 필요하다.

4. 검열과 상상: 대본심의와 등장인물 유형

등장인물 유형에 관한 데이터는 1970년대 소극장 시맨틱 아카이브 내부에서 소극장 연극의 구체적인 내용을 추측할 수 있는 정보로 활용될 수 있다. 본고의 시맨틱 아카이브는 대본 심의와 심사에 통과한 33편의 희곡에서 등장인물과 등장인물 유형 정보를 시맨틱 데이터로 축적하였다. 1970년대 에저또/삼일로창고극장 공연 중 심의 대본이 남아 있는 것은 19편이다. 이들 대본에 등장하는 인물은 총 161명이다. 이 인물들은 42개의 유형으로 분류된다.17)

---

16) 이러한 사실은 정진수가 《공연윤리》에 기고한 글을 통해서도 확인할 수 있다. 정진수, 「탈피해야할 과제: 연극분야관련 공륜에 바란다」, 《공연윤리》, 1978년 10월호, 8쪽.

17) 1970년대 심의에 통과한 등장인물의 유형(http://dh.aks.ac.kr/~theater/wiki/index.php/1970%EB%85%84%EB%8C%80_%EC%86%8C%EA%B7%B9%EC%9E%A5_%EC%8B%9C%EB%A7%A8%ED%8B%B1_%EB%8D%B0%EC%9D%B4%ED%84%B0%EC%9D%98_%ED%99%9C%EC%9A%A9 2017.12.21.)

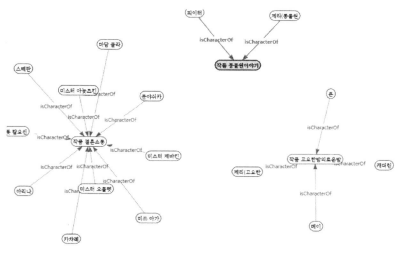

[그림 Ⅶ-14] 심의 대본의 등장인물

[그림 Ⅶ-14]은 〈결혼 소동〉과 〈고요한 밤 외로운 밤〉, 〈동물원 이야기〉의 등장인물에 관한 네트워크 그래프이다. 각 작품의 인물들은 타 작품의 인물들과 아무런 관련이 없는 것처럼 보인다. 그러나 등장인물 유형을 포함하는 네트워크 그래프를 통해서는 보다 흥미로운 사실을 알 수 있다.

[그림 Ⅶ-15]에 의하면 〈고요한 밤 외로운 밤〉과 〈결혼 소동〉의 등장인물인 메이와 스제판의 인물 유형은 '신사'이다. 또한 〈결혼 소통〉의 인물 유형으로는 기혼자, 미혼녀, 중매쟁이, 하녀, 신사가 있는데 이들은 전형적인 인물18) 유형에 속한다. 이와 같은 유형 데이터를 통해 이들이 등장하는 작품이 멜로드라마 혹은 코미디임을 추측할 수 있다.19)

---

18) 전형적 인물은 미리 규정된 범주의 속성들을 가지고 있는 인물로서, 한 사회의 집단적 성격을 대표하며 성격의 보편성을 내포한다. 전형적 성격, 한국현대문학대사전(http://terms.naver.com/entry.nhn?docId=633738&cid=41708&categoryId=41737, 2017.12.18.)

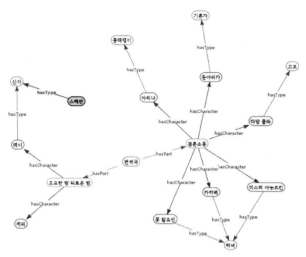

[그림 Ⅶ-15] 번역극 등장인물 유형에 관한 네트워크 그래프

한편 창작극 등장인물 유형에 관한 네트워크 그래프는 흥미로운 사실을 알려준다. 창작극의 등장인물은 성씨로만 있거나 번호, 성별로만 표현되어 있다.[20] 번역극에 등장하는 인물들은 고유의 이름이 있고, 이들의 유형을 구체적으로 설명하고 있는 것과는 다르다. 이와 같은 창작극의 전략은 구체적인 상황과 인물 묘사로 인한 불이익을 돌파하기 위한 하나의 수단이었던 것으로 볼 수 있다. 다시 말해 1970년대의 창작극은 대본심의를 돌파하기 위한 방법의 하나로 우화적 인물을 표현하는 데 주력했다고 볼 수 있다.

---

19) 이점은 이승희의 연구에서도 확인된 바 있다. 이승희는 1970년대 후반으로 갈수록 소극장이 소구 코미디를 자주 공연하던 상황을 언급하고 있다. 이승희, 앞의 논문, 190쪽.

20) 지금의 결과는 대본 심의에 통과한 19개 대본을 대상으로 한다는 점이 한계이다. 1970년대 공연 대본 전체의 등장인물 데이터를 축적해서 좀 더 다양한 현상을 살펴볼 필요가 있다.

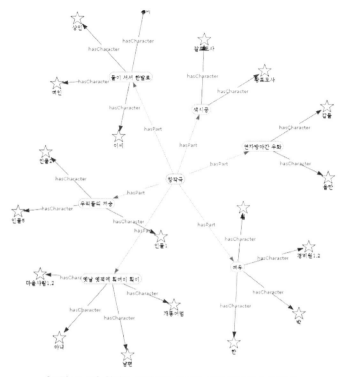

[그림 Ⅶ-16] 창작극 등장인물 유형에 관한 네트워크 그래프

　　본 연구의 시맨틱 아카이브에 축적되어 있는 등장인물 유형은 대본 19편에서 정리한 42건에 한정된다. 이것만으로 1970년대 소극장 연극이 선호하는 등장인물 유형을 총체적으로 파악하기는 어렵다. 그럼에도 불구하고 조사된 인물 유형을 1970년대 소극장 연극 전체의 등장인물 유형을 유추할 수 있는 표본으로 상정한다면, 이를 바탕으로 1970년대의 연극 창작자와 관객들이 공유했던 연극적 상상력의 실체를 가늠할 수 있다. 현재까지 축적된 1970년대 소극장의 등장인물 유형은 소시민적 욕망을 표출하며 살아가는 평범한 사람들이다. 이것은

그 시대를 살아갔던 사람들이 그들의 환경 속에서 가질 수 있었던 욕망을 대변하는 것이었다고 할 수 있다.

5. 연극과 생활문화

1970년대 소극장 시맨틱 아카이브는 1970년대 생활 문화를 엿볼 수 있는 정보 역시 제공하고 있다. 시맨틱 데이터를 통해 1970년대 소극장 연극과 맥주가 일반인들의 문화 활동으로 자리 잡게 되는 상황을 유추할 수 있었다.

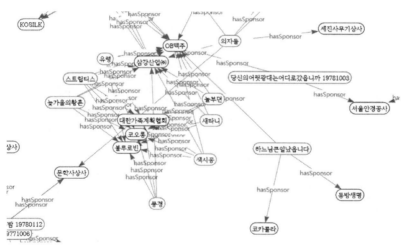

[그림 Ⅶ-17] 공연과 스폰서

[그림 Ⅶ-17]은 에저또/삼일로창고극장의 1970년대 공연 113편 중 59편에 해당하는 공연의 스폰서 네트워크 그래프의 일부이다. 스폰서는 총 66개 단체이며, 주류 및 의류와 제과, 카페 등 다양한 단체가

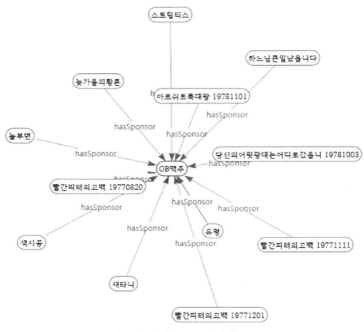

[그림 Ⅶ-18] OB맥주의 후원

포함되어 있다.21)

　가장 많은 후원을 한 단체는 OB맥주이다. OB맥주는 〈당신의 어릿
광대는 어디로 갔습니까〉, 〈빨간 피터의 고백〉, 〈새타니〉, 〈놀부뎐〉,
〈유령〉, 〈늦가을의 황혼〉, 〈스트립티스〉, 〈아르쉬트룩 대왕〉, 〈하느
님, 큰일 났습니다〉 등 9개 공연을 후원했다. OB맥주는 1975년에서
1979년까지의 공연에 폭넓게 후원한 사실을 알 수 있었다.

---

21) 1970년대 소극장 연극 스폰서에 대한 시맨틱 데이터(http://dh.aks.ac.kr/~thea
ter/wiki/index.php/1970%EB%85%84%EB%8C%80_%EC%86%8C%EA%B7%B9%EC
%9E%A5_%EC%8B%9C%EB%A7%A8%ED%8B%B1_%EB%8D%B0%EC%9D%B4%ED%8
4%B0%EC%9D%98_%ED%99%9C%EC%9A%A9 2017.11.10.)

1970년대 맥주는 현재와 같이 일반적인 주류가 아니었다. 1976년 보도 자료에 따르면 맥주는 90%가 일반 문화 및 생활공간이 아닌 유흥업소에서 소비되고 있었다.[22] 맥주 업계는 맥주의 소비를 증가시키기 위해 맥주를 일상적인 생활 공간에서 소비하는 대중 음료로 전환시킬 필요가 있었다. 이에 따라 맥주 회사는 1970년대 문화 활동으로 자리 잡아가고 있었던 연극에 후원했던 것으로 추측할 수 있다. 맥주 회사의 후원은 1975년에서 1979년까지의 에저또/삼일로창고극장 공연에 폭넓게 이루어졌다.

1975년 OB맥주는 6개 공연에 후원했다.[23] 1977년에서 1979년에는 총 7개의 공연에 후원을 한 기록이 남아 있다. 1975년은 에저또창고극장이 개관한 해이다. 에저또창고극장은 개관과 함께 〈에저또소극장 개관기념 공연〉 10편을 했고, 이 공연들에는 OB맥주의 후원이 있었다. 방태수의 기록에 따르면 약 3000여명의 관객이 개관기념 공연을 관람했다. 1977년은 삼일로창고극장의 최대 흥행작 〈빨간 피터의 고백〉이 공연된 해이다. 이 공연은 1만 관객을 돌파하며 1970년대 소극장 연극의 대표작이 되었다. 〈빨간 피터의 고백〉역시 OB맥주의 후원이 있었고, 1978년과 1979년에도 OB맥주의 후원은 이어진다.

맥주는 1978년에 이르러 소비량이 증가하고, 대중적인 음료로 자리 잡았다.[24] 1978년의 보도 자료에 따르면 맥주의 소비량이 전년도에 비해 55% 증가했다. 또한 1976년 1인당 맥주 소비량 14병이었으나

---

22) 「여름 경기진단 계절성수품의 동향 (8) 맥주」, 《〈매일경제〉》, 1976년 6월 14일자.
23) 보도자료에 따르면, 크라운 맥주는 후원보다 맥주 용기를 소형화하는 데 집중했다고 한다. 1975년에서 1976년 사이의 OB맥주와 크라운 맥주의 판촉 양상은 전자가 소형 책자를 만들어 홍보하는 것과 후자가 맥주 용기를 소형화하는 등 기능적인 면에 변화를 두는 것에 있었다. 위의 기사.
24) 「맥주 대중음료수화로 즐거운 표정」, 《매일경제》, 1978년 6월 1일자.

1978년 1월 기준 소비량은 19병으로 증가했음을 볼 수 있다.[25]

　1970년대 맥주와 연극의 관계는 이전 시기까지 일반 생활과 거리가 있었던 문화들이 대중의 영역으로 편입되는 상황을 보여주는 것이기도 하다. 이처럼 1970년대 소극장 시맨틱 아카이브는 연극 활동 상황을 파악하는 것에만 한정되지 않는다. 그러므로 1970년대 소극장 시맨틱 아카이브에 에저또/삼일로창고극장 공연 외에 타 소극장 공연의 스폰서 및 관련 단체 데이터를 축적한다면 1970년대 사회·문화의 다양한 모습을 볼 수 있는 디지털 아카이브로 기능할 수 있을 것이다.

---

25) 「맥주소비량 크게 늘어」, 《경향신문》, 1978년 1월 14일자.

제8장
결론

　본 연구는 연극 디지털 아카이브의 발전 모델을 제시하는 것이었으며, 연구의 의의는 다음과 같이 정리할 수 있다.

　첫째, 기존의 연극 디지털 아카이브는 기록물을 독립적인 개체로 취급하여 개별적인 자료만을 제공하는데 반해서 시맨틱 데이터베이스 개념의 새로운 아카이브는 자료와 자료의 맥락 정보를 포함하는 것을 지향한다. 아카이브는 자료만 제공하고, 그 자료 사이의 관계를 밝히는 것은 별도의 '연극학 연구'의 영역에 속한다고 보는 것이 일반적이다. 따라서 지금까지는 '아카이브'와 '연구'가 분리되었다. 그러나 미래의 디지털 아카이브는 그 연구의 성과가 다시 아카이브에 포섭되어 자료에 대한 이해 수준을 높이는 방향으로 진화해야 한다. 본 연구에서 추구한 연극 디지털 아카이브는 단순히 연극 자료만을 제공하는 것이 아니라, 자료 정보와 연구 정보를 연계하여 해당 시기의 연극사적 맥락을 전달할 수 있도록 하였다. 이 점에서 연극 디지털 아카이브의 미래 모델에 대한 탐색으로서 의의를 갖는다고 할 수 있다.

　두 번째, 기존의 연극 디지털 아카이브의 자료는 연극과 직접적으로 관련된 것에 한정되는 경향이 있다. 그러나 연극 자료만을 가지고 연극의 맥락을 파악하는 것은 한계가 있다. 본 연구의 시맨틱 아카이브는 연극 내용과 관련 있는 자료뿐이 아니라, 연극 환경에 관한 자료 및 양자 사이의 상호 관계성을 살필 수 있는 근거 자료를 모두 취급할 수 있는 방법을 강구하였다. 본 연구는 1970년대 공연법 시행을 중심으로 하는 법적, 제도적 환경을 살펴보고 관련 자료를 수집하였다. 그 다음 법적, 제도적 자료가 연극 활동과 맺는 관계를 파악할 수 있는 방법을 아카이브 구조 안에 담고자 하였다. 이를 통해 연극 디지털 아카이브가 연극과 사회적 맥락을 알 수 있는 지식의 아카이브로서 기능하는 방법을 제시하였다.

세 번째로, 본 연구의 방법은 국내 현대 연극사 자료를 망라하는 공공 디지털 아카이브를 기획하고자 할 때, 현실적인 추진 방안으로 활용될 수 있다는 점이다. 국내에는 한국예술문화위원회의 예술자료원, 국립극장의 공연박물관, 남해국제탈박물관, 국립아시아문화전당 등이 연극에 관한 실물 자료를 소장하는 연극 아카이브 기능을 수행하고 있으며, 디지털 아카이브는 해당 기관의 소장 자료의 디지털 사본을 제공하는 수준으로 운영하고 있다. 문제는 그 어떤 디지털 아카이브도 한국 현대 연극사 관련 자료를 폭넓게 수용하고 있지 않으며, 그 가능성은 앞으로도 높지 않다. 게다가 국내 연극 아카이브의 자료 수집은 주로 개인의 기증과 간헐적인 조사·수집 사업에 의존하고 있다. 그런데 연극 창작자들이 연극 관련 자료를 개인적으로 보관하고 있다 하더라도 공공 아카이브에 기증하는 것에는 적극적이지 않은 경우가 많다. 이러한 현실에 따라 예술자료원이나 국립극장 공연박물관 등의 공공 연극 아카이브가 실물 아카이브의 구축만을 지향하기보다는 디지털 세계에서 운영되는 '메타 아카이브'의 실현을 적극적으로 추진할 필요가 있다.

메타 아카이브는 아카이브들의 아카이브를 의미한다.[1] 메타 아카이브는 연극계의 개인 창작자나 단체, 지방자치단체, 연극학 연구자

들이 개별적으로 소장하거나, 수집, 정리한 자료들, 즉 우리나라의 도
처에 분산되어 있는 이러한 자료들을 개별 아카이브로 보고, 그 실물
을 모두 모으기보다는 그 자료에 대한 정보(메타 데이터)가 서로 연결
되어 있는 방대한 네트워크이기도 하다. 이러한 메타 아카이브의 시
작은 공공 아카이브 사업으로 출발하고, 일종의 모델이 확립된 이후
에는 학계나 지방자치단체가 시행하는 다양한 층위의 프로젝트와 연
극 관계자에 의해 확장될 수 있다. 이에 참여하는 개인이나 단체가 자
신들만의 특성 분야에서 연극 자료 실물 보존과 데이터화에 최선을 다
하고, 공공 아카이브는 데이터가 상호 연결되고 활용될 수 있도록 함
으로써 우리나라 현대 연극의 과거와 현재를 고스란히 볼 수 있게 하
는 것이 메타 아카이브 구현의 이상적 목표이다. 본 연구는 우리나라
연극계의 공공 아카이브가 추진해야 할 메타 아카이브의 기초 설계에
활용될 수 있을 것으로 기대한다.

마지막으로 1970년대에서 시작하여 현재까지의 연극 창작 과정과
결과 및 연극 환경 전체를 추적할 수 있는 연극 시맨틱 아카이브 구축
을 본 연구자의 지속적인 연구 주제로 삼고자 함을 밝히며, 이를 위한
연구 자료 수집의 과제와 방향을 제시하고자 한다.

본 연구자가 1970년대의 소극장 연극에 주목하게 된 것은 2014년에
서 2015년까지 국립아시아문화전당 개관 기념 전시2) 사업에 연구원

---

1) 메타 아카이브의 개념 및 디지털 큐레이션과의 관계에 대해서는 다음 글 참조. 김현,
「데이터의 시대, 아카이브와 인문학의 융합–백과사전적 아카이브(Encyves)와 디지털
큐레이션」, 한국기록과정보·문화학회 제5회 학술회의 발표자료, 서울, 2017. 12.16,
38쪽(https://onedrive.live.com/?authkey=%21ABeWNv5KwzyFgkw&cid=B299B
775C5A7E723&id=B299B775C5A7E723%212424&parId=B299B775C5A7E723%2124
18&o=OneUp, 2017.12.19.)
2) '아시아의 공연예술', 2015년 9월, 국립아시아문화전당 개관 기념 전시.

으로 참여하면서부터였다. 본 연구자는 이 프로젝트를 통해 '1960~80
년대 한국 소극장 운동'에 관한 자료 수집과 이관 및 전시까지 전 과정
을 경험할 수 있었다. 전시가 끝난 2015년에서 2016년 초반까지 서울
시 미래유산 '삼일로창고극장 공연 자료 디지털 아카이빙 사업'에 참
여했다. 본 연구의 기반이 되는 자료는 이때 수집된 것이다.[3]

'아시아의 공연예술'과 '삼일로창고극장 공연 자료 디지털 아카이빙
사업'을 통해 수집한 자료는 공연 프로그램, 리플렛, 포스터 등과 같
은 이미 완성된 공연의 정보를 전달하는 자료들이었다. 이 자료들은
공연 시간과 장소, 출연진, 창작 의도와 같은 당시 연극 활동을 파악
하는 데 있어 매우 중요한 자료들이다. 그러나 본 연구자는 이러한 자
료들을 접하면서 연극 디지털 아카이빙의 의도와 목적을 다시 한 번
생각해 보게 되었다. 연극 디지털 아카이브 사용자는 넓은 범위에서
공연에 관심이 있는 일반인까지 확대되지만, 핵심 사용자는 공연 활
동을 전문적으로 전개해 나갈 창작 지망생과 기존의 창작자 및 연구자
일 것이다. 이들에게 필요한 연극 디지털 아카이브는 공연 사실을 증
명하는 자료를 제공하는 것 이상으로 공연 제작 방식을 추적할 수 있
는 연극 디지털 아카이브이며, 특정 공연에 관해 전문적인 지식과 정

---

3) '아시아의 공연예술' 자료 수집에서 그랬던 것처럼 대부분의 자료는 창작자 개인이
소장하고 있었다. 자료 소장 여부를 파악하는 일은 말 그대로 꼬리에 꼬리를 무는 식이
었다. 어렵게 자료 소장자로 소개 받은 분들과 접촉하면 이사를 다니며 자료를 분실했
다거나, 보관의 어려움 때문에 자료를 폐기했다는 이야기를 듣는 것이 다반사였다.
반면 극단 연우무대나 산울림의 경우 공연 자료를 체계적으로 정리했고 보관 상태 역
시 탁월했다. 두 극단 모두 1980년부터 소극장을 운영하면서 극장 문을 닫거나 운영진
이 바뀌는 경우가 없었기 때문에 체계적으로 자료를 관리할 수 있었다. 특히 연우무대
의 경우 1978년부터 현재에 이르는 프리 프로덕션, 프로덕션, 공연, 관객에 관한 자료
를 체계적으로 보존·정리해 놓았다. 따라서 이를 연극 시맨틱 아카이브로 구축한다면
자료와 정보의 깊이에 있어 독보적인 연극 디지털 아카이브로 기능할 수 있음을 알
수 있었다.

보를 제공할 수 있는 연극 디지털 아카이브일 것이다. 그러므로 연극 디지털 아카이브가 소장해야 하는 자료는 희곡 집필 과정, 배우의 연기가 완성되는 과정, 프리 프로덕션과 프로덕션을 통해 텍스트가 무대화되는 과정을 기록한 연출 노트, 개념적인 무대 디자인이 실체가되어 가는 과정을 기록하는 자료들이어야 한다. 그러나 1970년대 소극장 연극 자료 수집에서 창작 과정 자료를 수집하는 일이 가능한가에 대한 의문이 들었다.

1970년대 창작자들은 공연 창작에만 몰두할 수 있는 환경 속에서 연극을 한 것이 아니었다. 그들은 이제 막 등장한 소극장에서 자신들의 연극 활동을 지속시켜야 했는데, 경제적인 상황과 제도적 조건 어느 하나도 만만치 않았고 그 결과 자료를 남길만한 여건이 아니었다. 무엇보다 아쉬운 점은 1970년대 공연법의 여파를 견뎌낸 창작극에 관한 자료를 거의 찾을 수 없다는 것이다. 창작극은 이 땅의 언어와 사람들 그리고 그들의 욕망과 사회적 제약을 통과하며 제기되는 자발적 질문에 관한 것이다. 창작극의 질문은 명확한 답을 요구하는 것이 아니다. 이는 예술이 그러하듯 창작극이 역시 작품을 통해 관객들에게 질문을 던지고 관객들은 질문에 대한 다양한 반응을 통해 스스로를 성찰하는 것을 목적으로 한다. 이는 예술이 가진 사회적 기능이기도 하다. 그러나 알다시피 1970년대 창작극을 통해 제기되는 질문은 대본 심의와 심사에 의해 수정됐고 삭제되었다. 그 결과 1970년대 소극장 연극의 궁극적 의미를 탐색하는 일은 창작극의 수정되고 삭제된 흔적에서 출발해야 하지만, 관련 자료를 찾기는 매우 어려운 일이되고 말았다.

하지만 창작 과정 자료를 찾는 일이 완전히 불가능한 것은 아니었다. 본 연구자가 '아시아의 공연예술'의 연장 사업으로 2016년 수행한

국립아시아문화전당 '아시아의 공연예술-한국의 소극장 운동, 극작가 故박조열 자료 및 1960-70년대 공연자료 수집 및 분석'에서는 작가의 〈오장군의 발톱〉, 〈토끼와 포수〉, 〈관광지대〉 등 자필 원고 초본과 습작 노트와 메모, 영화화 되지 않은 시나리오, 수정 방향이 표기되어 있었던 공연 대본 등 희곡 집필과 공연화 과정에서 생산된 자료를 수집할 수 있었다. 특히 〈오장군의 발톱〉의 공연 대본 경우 1974년 한국예술윤리위원회의 대본 심의 절차에서 공연 불가 판정을 받았던 김정옥 연출의 공연 대본이었다. 이 대본은 작가가 수정하고자 하는 사항이 기록되어 있었고, 이를 바탕으로 초연에서 드러내고자 했던 작가의 주제 의식에 좀 더 깊이 다가갈 수 있는 대본이다. 또한 공연 불가 판정을 받은 당시의 대본이기 때문에 이후 공연 대본이나 출판본과 비교를 통해 1970년대 연극 검열을 구체적으로 파악할 수 있다. 그리고 그의 습작 노트와 메모는 작가의 문제의식이 최초로 표현되고 있다는 점에서 의미가 있다. 그리고 극단 연우무대의 체계적인 자료 역시 창작 과정에서 관객 반응까지의 포괄적인 연극 활동을 살펴볼 수 있는 자료이다. 이렇듯 1970년대 창작 과정에 관한 자료가 완전히 없다고 볼 순 없기 때문에 연극 자료 수집에 관여하는 사람들이 좀 더 적극적으로 자료 수집을 진행할 필요가 있다. 궁극적으로 1970년대 소극장 연극 시맨틱 아카이브는 공연 사실을 증명하는 자료뿐만 아니라 창작자의 문제의식이 출발하는 시점과 창작 과정 결과에 해당하는 실질적 자료와 연극 환경에 관한 자료를 동시에 경험할 수 있는 형태여야 한다. 이러한 연극 시맨틱 아카이브는 창작 활동을 희망하는 사람들이 창작 방법을 훈련할 수 있고, 과거의 창작 방법을 기반으로 새로운 창작 방법을 탐구해 나갈 수 있는 창의적 디지털 아카이브가 될 수 있다.

 본 연구자는 1970년대에서 시작하여 현재까지의 연극 창작 과정과 결과 및 연극 환경 전체를 추적할 수 있는 연극 시맨틱 아카이브 구축을 추진하고자 하며, 그 연구의 출발로써 1970년대 소극장 시맨틱 아카이브는 연구를 수행하였다. 여기서는 1970년대 소극장 시맨틱 아카이브가 에저또/삼일로창고극장에 한정되었지만, 향후에는 그 범위가 민예극장, 실험극장, 카페 떼아뜨르 등 1970년대에 등장한 소극장 전체로 확장되어야 한다. 또한 공연법에 관한 자료의 데이터화 역시 본 연구의 범위 이상으로 확충될 필요가 있다. 공공기관 외에 한국연극협회와 같은 민간 기관 역시 공연법 절차에 관여했기 때문에 이들이 소장하고 있는 행정 자료를 수집하고 정리할 필요가 있다. 그리고 공연법이 적용된 자료와 창작 과정에서 생산된 자료는 창작자가 소장하고 있는 경우가 대부분이다. 이를 조사하여 수집하고 관련 정보와 자료를 공공 영역에서 활용할 수 있는 데이터로 전환하는 노력이 필요하다. 또한 1970년대 연극 관객의 '관극 문화'를 설명할 수 있는 데이터의 수집과 분석도 연극 시맨틱 아카이브에 포함해야 할 것이다.

감사의 글

　박사학위 논문을 준비하고 결과물을 책으로 엮어내면서 무엇보다 세상을 보는 새로운 시각을 훈련시켜주신 김현 교수님께 감사드립니다. 극작과 디지털 인문학 연구가 자연스럽고 자유롭게 연결될 수 있도록 노력하겠습니다.

　심사위원으로 부족한 논문에 많은 조언을 해주셨던 한국외국어대학교의 임영상 교수님과 전주대학교의 한동숭 교수님, 그리고 논문을 출판할 수 있게 이끌어주신 구지현 교수님 감사합니다. 극작과 시절 은사이시자 심사위원으로 참여해주신 김광림 선생님 감사합니다.

　논문 과정을 지켜봐 준 김근미, 김현지, 전영지, 고은령 고맙습니다. 그리고 먼저 박사학위를 받은 김바로 선생님, 아낌없이 도와주신 점 정말 고맙습니다. 이재옥 선생님께도 감사드립니다.

　1975년 에저또창고극장을 만드신 방태수 선생님, 아낌없는 자료 이용과 생생한 70년대 소극장 이야기 감사드립니다. 1976-1979년 삼일로창고극장의 자료를 볼 수 있도록 허락해주신 모든 분들께도 감사드립니다.

　마지막으로 올해 환갑을 맞으신 어머니 축하드리고, 과년한 딸을 여전히 예쁘게 봐주시는 아버지, 제 인생의 가장 친한 친구 동생 정민영, 제부 박종범, 꿈같으면서도 지극히 현실인 조카 박정원에게 사랑을 보냅니다.

2018.3. 정주영

참고문헌

1. 자료

방태수, 2017년 삼일로창고극장 재개관 기념 전시, 〈이 연극의 제목은 없습니다〉 자료

삼일로창고극장, 2015년 서울시미래문화유산 사업, 『삼일로창고극장 자료집(1975-2015)』

서울시청, 극단 가교·고향·대하·동인·민예극장·민중극장·배우·뿌리·산하·성좌·실험극장·에저또·여인·연우무대·자유극장·제3무대·창고극장·프라이에뷔네·현대, 공연자등록 신청 서류

이동민, 극단 창고극장 보도처 자료

2. 단행본

국립현대무용단 편집부, 『결정적 순간들』, 국립현대무용단, 2014.

김영순·김현 외, 『인문학과 문화콘텐츠』, 다할미디어, 2006.

김현, 『인문정보학의 모색』, 북코리아, 2012.

김현·김바로·임영상, 『디지털 인문학 입문』, HUEBOOKs, 2016.

문옥배, 『한국 공연예술 통제사』, 예솔, 2013.

문예진흥원, 『문예진흥원 20년사, 1974-1993』, 1993.

민족문학사연구소 희곡분과, 『1970년대 희곡 연구1』, 연극과 인간, 2008.

_____, 『1970년대 희곡 연구2』, 연극과 인간, 2008.

신정옥·한상철·전신재·김창화·이혜경, 『한국에서의 서양연극』, 소화, 1999.

연우무대, 『연우 30년 창작극개발의 여정』, 한울출판사, 2008.

유민영, 『(우리시대)演劇運動史』, 단국대학교 출판부, 1996.

정호순, 『한국의 소극장과 연극운동』, 연극과 인간, 2002.

차범석, 『한국소극장연극사』, 연극과 인간, 2004.

한국문화예술위원회, 『문예진흥원 32년사』, 2008.

한국문화예술 위원회, 『예술아카이브 운영 전문화 방안 연구』, 2015.

한국연극협회, 『한국현대연극 100년』, 연극과 인간, 2008.

한국예술문화단체총연합회, 『예총 三十年史』, 1988.

한국예술종합학교 한국예술연구소, 『한국현대 예술사대계Ⅳ』, 시공사, 2004.

한상철, 『현대극의 상황과 한국연극』, 현대미학사, 2008.

허경진·구지현, 『조선시대 표류노드 시각망 연구일지』, 보고사, 2016.

3. 학위논문

김민희, 「연극에 대한 국가 개입 방식의 변화 연구」, 서강대학교 언론대학원 석사학위논문, 2002.

김바로, 「제도-인사의 관계성 데이터 아카이브 구축과 활용」, 한국학중앙연구원 한국학대학원 박사학위논문, 2017.

김윤정, 「동인제 극단 연구 : 극단 자유와 에저또를 중심으로」, 한국예술종합학교 예술전문사학위 논문, 2016.

백승재, 「문화재 정보의 온톨로지 기반 검색시스템」, 고려대학교 대학원 석사학위논문, 2006.

서영석, 「극단 에저또 연구」, 동국대학교 문화예술대학원 석사학위논문, 2008.

선재규, 「공연법제의 변천과 발전방안 연구」, 성균관대학교 대학원 석사학위논문, 2002.

설인재, 「국내 공연예술 디지털아카이브 발전방안 연구」, 동국대학교 석사학위논문, 2012.

양경모, 「창고극장 연구」, 동국대학교 대학원 석사학위논문, 2001.

이재옥, 「조선시대 科擧 合格者의 디지털 아카이브 편찬과 인적 관계망 구현」, 한국학중앙연구원 한국학대학원 박사학위논문, 2017.

이지현, 「GLAM(Gallery·Library·Archive·Museum)의 오픈 엑세스에 관한 연구」, 명지대학교 기록정보과학전문대학원 석사학위논문, 2017.

임은아, 「문화예술지원정책 변동 연구: 한국문화예술위원회 설립 및 운영을 중심으로」, 서울대학교 행정대학원 석사학위논문, 2009.

정대경, 「소극장운동으로 본 삼일로창고극장-1975년부터 1990년을 중심으로-」, 성균관대학교 대학원 석사학위논문, 2005.

정우숙, 「1960-70년대 한국희곡의 비사실주의적 전개 양상」, 이화여자대학교 박사학위논문, 1997.

정은진, 「연극 아카이브의 구축 및 운영에 관한 연구」, 명지대학교 기록정보과 학전문대학원 박사학위논문, 2011.

정현경, 「1970년대 연극 검열 양상 연구」, 충남대학교 대학원 박사학위 논문, 2015.

4. 논문

김기란, 「청년/대항문화의 위상학적 공간으로서의 70년대 소극장운동 고찰」, 『대중서사연구』 제22권 제3호, 대중서사학회, 2016, 171~214쪽.

김유승, 「아카이브 2.0 구축을 위한 이론적 고찰」, 『한국기록관리학회지』, 제10권 제2호, 한국기록관리학회, 2010, 31~52쪽.

김현, 「국립한글박물관 디지털 아카이브 구축 기본 구상」, 국립한글박물관, 2013.

____, 「다산 저작 텍스트의 전자정보화를 위한 온톨로지 설계」, 『고전자료의 현대화 연구: 세계사 속의 다산학 연구 보고서』, 한국학중앙연구원, 2016.

____, 「데이터의 시대, 아카이브와 인문학의 융합-백과사전적 아카이브(Encyves)와 디지털 큐레이션-」, 한국기록과정보·문화학회 제5회 학술회의, 2017. 12. 16.

____, 「디지털 인문학」, 『인문콘텐츠』 제29호, 인문콘텐츠학회, 2013, 9~26쪽.

____, 「아카이브와 인문학연구의 통섭」, 『기록인(IN)』 제41호, 2016, 12~17쪽.

____, 「한류, 문화콘텐츠, 인문정보학」, 『인문콘텐츠』 제10호, 인문콘텐츠학회, 2007, 105~122쪽.

____·김바로, 「미국 인문학재단(NEH)의 디지털인문학 육성 사업」, 『인문콘텐츠』 제34호, 인문콘텐츠학회, 2014, 29~51쪽.

____·이현주·류인태·김하영, 「'관계의 발견'을 위한 디지털 스토리텔링 데이터 모델」, 『한국고문서 정서·역주 및 스토리텔링 연구-연구 보고서』, 한국학중앙연구원 장서각, 2015.11.

신아영, 「이강백 희곡에 나타난 현실과 우화의 상관관계 연구」, 『한국문예창작』

제5권 제2호, 한국문예창작학회, 2006, 9~30쪽

이선화, 「앙드레 앙투안과 소극장 운동」, 『공연과 리뷰』제23권 제1호, 현대미
　　학사, 2017, 13~22쪽.

이승희, 「공연법에 이르는 길 : 식민지검열에서 냉전검열로의 전환, 1945~1961」,
　　『민족문학사연구』제58권, 민족문학사학회 · 민족문학사연구소, 2015, 335~
　　371쪽.

이애현, 「공연예술로서의 굿」, 『한국무용연구』제26권 제2호, 한국무용연구회,
　　2008, 167~187쪽.

이호신, 「공연예술아카이브의 존재론적 특성에 관한 연구」, 『무용역사기록학』
　　제33호, 무용역사기록학회, 2014, 11~33쪽.

정대경, 「삼일로창고극장 연구: 1975년부터 1990년을 중심으로」, 『드라마연구』
　　제24호, 한국드라마학회, 2006, 239~286쪽.

정주영, 「국내 연극 디지털 아카이브 고찰」, 『연극포럼』, 한국예술종합학교 연
　　극원, 2016, 102~111쪽.

최석현 · 박현숙 · 김명훈 · 전태일, 「아카이브의 디지털 전시 활용효과 분석」, 『한
　　국기록관리학회지』제13권 제1호, 한국기록관리학회, 2013, 7~33쪽.

한동숭, 「문화기술과 인문학」, 『인문콘텐츠』제27호, 인문콘텐츠학회, 2012,
　　196~208쪽.

홍정욱, 「디지털 기술 전환 시대의 인문학: 디지털인문학 선언문을 통한 고찰」,
　　『인문콘텐츠』제38호, 2015, 41~74쪽.

5. 신문 및 잡지 기사

「각종 공연 대폭 규제」, 《경향신문》, 1975년 6월 5일자.

「국립극장 전속극단을 개편」, 《경향신문》, 1963년 11월 30일자.

「극단 에저또 〈뱀〉공연이 보여준 소극장 운동」, 《조선일보》, 1975년 8월 5일자.

「극단 한국 창단 백지화 극단 대하 등록증 변경사용 드러나」, 《동아일보》, 1979
　　년 3월 2일자.

「돈(161)」, 《매일경제》, 1969년 1월 24일자.

「문예중흥계획에 대한 기대」, 《동아일보》, 1973년 10월 20일자.

「여름 경기진단 계절성수품의 동향 (8) 맥주」, 《매일경제》, 1976년 6월 14일자.

「맥주 대중음료수화로 즐거운 표정」, 《매일경제》, 1978년 6월 1일자.

「맥주소비량 크게 늘어」, 《경향신문》, 1978년 1월 14일자.

「보람 75 (6) 최장기공연극 〈에쿠우스〉의 주연 강태기씨」, 《동아일보》, 1975년 12월 19일자.

「부당한 등록·각본심사제 새공연법시행령시비」, 《경향신문》, 1963년 6월 13일자.

「뿔박이를 꿈꾸는 떠돌이－극단 에저또와 소극장」, 《한국연극》, 1986년 8월호.

「설 땅 잃은 소극장 공연」, 《동아일보》, 1977년 10월 20일자.

「성웅 이순신 공연 국립극장」, 《매일경제》, 1974년 4월 24일자.

「성황이루는 소극장」, 《경향신문》, 1974년 3월 16일자.

「시공연물 신고절차 해설」, 《공연윤리》, 1977년 6월 15일자.

「연극 전문 소극장 존폐위기」, 《일간스포츠》, 1977년 6월 9일자.

「연극으로 정신병치료 사이코 드라마 등장」, 《동아일보》, 1973년 9월 17일자.

「연극제목 선정적이고 길어져」, 《한국일보》, 1978년 8월 25일자.

「연출가 방태수와 극단 에저또」, 《공간》, 1987년 4월호.

「예륜간담회 민족예술발전에 앞장」, 《경향신문》, 1972년 11월 22일자.

「오장군의 발톱 시의에 안 맞는다」, 《경향신문》, 1975년 8월 26일자.

「연극 "동인제서 PD제로"」, 《조선일보》, 1976년 6월 19일자.

「침묵·정체 깨는 예술계의 두 논쟁」, 《경향신문》, 1976년 10월 15일자.

「폐관 유보 조치로 기사회생한 소극장」, 《경향신문》, 1978년 7월 4일자.

「폐문위기의 창고극장 되살린 유석진 박사」, 《동아일보》, 1976년 4월 20일자.

이근삼, 「소극장 운동의 허와 실」, 《한국연극》, 1976년 1월호.

정진수, 「탈피해야할 과제」, 연극분야관련 공륜에 바란다, 《공연윤리》, 1978년 10월호.

_____, 1974, 「소극장연극, 1974년의 현실」, 《연극평론》, 1974년 11월호.

최인호, 「데뷔 15년 기념 〈빨간 피터의 고백〉에서 원숭이로 분장 연극중흥의 불길을 태우는 천의 얼굴 추송웅」, 《경향신문》, 1977년 8월 27일자.

한국공연윤리위원회, 《공연윤리》, 1977년 2월호~1979년 12월호.

6. 인터뷰

김광림, (2017년 8월 24일), 정주영 개인인터뷰.

방태수, (2017년 8월 26일), 정주영 개인인터뷰.

7. 법령

건축법시행령, 대통령령 제8060호, 1976.4.15, 제정.

공연법, 법률 제902호, 1961.12.30, 제정.

공연법시행령, 각령 제664호, 1962.4.14, 제정.

공연법시행령, 각령 제865호, 1962.7.4, 일부개정.

공연법, 법률 제1306호, 1963.3.12, 일부개정.

공연법시행령, 각령 제1347호, 1963.6.11, 일부개정.

공연법시행규칙, 공보부령 제14호, 1963.8.5, 제정.

공연법시행령, 각령 제1662호, 1963.11.30, 일부개정.

공연법, 법률 제1790호, 1966.4.27, 일부개정.

공연법시행령, 대통령령 제2748호, 1966.9.10, 전부개정.

공연법시행규칙, 공보부령 제21호, 1967.7.25, 전부개정.

공연법시행규칙, 문화공보부 제8호, 1969.6.19, 전부개정.

공연법시행령, 대통령령 제5313호, 1970.8.28, 전부개정.

공연법시행규칙, 문화공보부 제23호, 1971.4.7, 일부개정.

공연법시행규칙, 문화공보부 제23호, 1971.4.7, 일부개정.

공연법시행규칙, 문화공보부 제25호, 1972.9.2, 일부개정.

공연법, 법률 제2884호, 1975.12.31, 일부개정.

공연법시행령, 대통령령 제8428호, 1977.1.31, 전부개정.

공연법시행규칙, 문화공보부 제57호, 1977.2.18, 전부개정.

공연법시행규칙, 문화공보부 제60호, 1977.8.31, 일부개정.

공연법시행규칙, 문화공보부 제63호, 1978.5.11, 일부개정.

공연법, 법률 제3441호, 1981.4.13, 타법개정.

8. 웹사이트

- Waseda University Cultural Resource Database, http://archive.waseda.jp/archive
- 1970년대 소극장 시맨틱 아카이브, http://dh.aks.ac.kr/~theater/wiki
- 국가법령정보센터, http://www.law.go.kr
- 국립국어원, https://krdict.korean.go.kr
- 국립극장 공연예술디지털박물관, http://archive.ntok.go.kr
- 국립아시아문화전당 아시아문화 아카이브, http://archive.acc.go.kr/
- 나의 네트워크 그래프 제작 방법, http://dh.aks.ac.kr/Edu/wiki/index.php/나의_네트워크_그래프_제작_방법
- 남해국제공연탈박물관 스마트박물관, http://www.namhaemask.com/Smart/Mask.tnc
- 네이버 뉴스 라이브러리, http://newslibrary.naver.com
- 두산백과, https://www.doopedia.co.kr
- 부산문화재단 전자아카이브, http://e-archive.bscf.or.kr
- 서울시청 정보소통광장, http://opengov.seoul.go.kr
- 영상자료원 한국영화데이터베이스 KMDB, http://www.kmdb.or.kr
- 예술자료원 DA-Arts, http://www.daarts.or.kr
- 위키백과, https://ko.wikipedia.org/
- 한국 기록유산의 디지털 스토리텔링 자원 개발, http://dh.aks.ac.kr/Encyves/wiki
- 한국민족문화대백과사전, http://encykorea.aks.ac.kr
- 한국학술정보원, http://www.riss.kr

▌저자약력

정주영
한국예술종합학교 연극원 극작과 예술사, 연극학과 전문사 졸업
한국학중앙연구원 한국학대학원 인문정보학과 졸업(문학박사)
극작가, 연극 디지털 아키비스트

디지털인문학연구총서 3
소극장 연극 시맨틱 아카이브 구축에 관한 연구

2018년 4월 10일 초판 1쇄 펴냄

저 자 정주영
발행인 김흥국
발행처 보고사

책임편집 이경민
표지디자인 손정자

등록 1990년 12월 13일 제6-0429호
주소 경기도 파주시 회동길 337-15 보고사 2층
전화 031-955-9797(대표)
　　　02-922-5120~1(편집), 02-922-2246(영업)
팩스 02-922-6990
메일 kanapub3@naver.com / bogosabooks@naver.com
http://www.bogosabooks.co.kr

ISBN 979-11-5516-792-2
　　　979-11-5516-513-3　94810(세트)
ⓒ 정주영, 2018

정가 15,000원